Winterkleid und Schlittenzeit

Die schönsten Geschichten, Gedichte und Lieder zum Winter

Illustriert von Barbara Korthues

annette betz

Inhalt

Eiseskälte

Winterkinder

Christian Morgenstern

Wenn es Winter wird

Der See hat eine Haut bekommen,
sodass man fast drauf gehen kann,
und kommt ein großer Fisch geschwommen,
so stößt er mit der Nase an.

Und nimmst du einen Kieselstein
und wirfst ihn drauf, so macht es klirr
und titscher – titscher – titscher – dirr …
Heißa, du lustiger Kieselstein!
Er zwitschert wie ein Vögelein
und tut als wie ein Schwälblein fliegen –
doch endlich bleibt mein Kieselstein
ganz weit, ganz weit auf dem See draußen liegen.

Da kommen die Fische haufenweis
und schaun durch das klare Fenster von Eis
und denken, der Stein wär' etwas zum Essen;
doch so sehr sie die Nase ans Eis auch pressen,
das Eis ist zu dick, das Eis ist zu alt,
sie machen sich nur die Nasen kalt.

Aber bald, aber bald
werden wir selbst auf eignen Sohlen
hinausgehn können und den Stein wiederholen.

Winterkleid

Volkslied

A, B, C, die Katze lief im Schnee

A, B, C,
die Katze lief im Schnee.
Und als sie dann nach Hause kam,
da hatt' sie weiße Stiefel an.
Ojemine, ojemine,
die Katze lief im Schnee.

A, B, C,
die Katze lief zur Höh'.
Sie leckt ihr kaltes Pfötchen rein
und putzt sich auch die Stiefelein.
A, B, C,
und ging nicht mehr in'n Schnee.

Bauernregeln zum Winter

Wenn's Silvester stürmt und schneit,
ist Neujahr nicht mehr weit.

Der Januar muss krachen,
soll der Frühling lachen.

Januar ganz ohne Schnee tut Bäumen,
Bergen und Tälern weh.

Anfang und Ende vom Januar zeigen
das Wetter für ein ganzes Jahr.

Kam bis Dreikönig der Winter nicht,
kommt er auch bis Ostern nicht.

Je nasser ist der Februar,
desto nasser wird das ganze Jahr.

Märchen aus Deutschland

Warum der Schnee weiß ist

Vor langer, langer Zeit war der Schnee noch ohne Farbe. Er war so farblos und durchsichtig wie der Wind. Da ging er zu den bunten Blumen auf die Wiese. Er staunte. So viele schöne Farben! Er fragte das Veilchen, ob es ihm nicht etwas Violett geben möchte.

»O ja! Das könnte schön ausschauen«, sagte das Veilchen. Schon schimmerte der Schnee wunderbar violett.

»Aber ich gebe dir meine Farbe nicht«, rief das Veilchen rasch und zog ihr Violett zurück. Der Schnee ging weiter. Er fragte die Sonnenblume.

»O ja! Das könnte schön ausschauen«, sagte die Sonnenblume. Schon leuchtete der Schnee sonnenblumengelb.

»Aber ich gebe dir meine Farbe nicht«, rief die Sonnenblume rasch und zog ihr Gelb zurück. Der Schnee ging weiter. Er fragte die rote Rose.

»O ja! Das könnte schön ausschauen«, sagte die Rose. Schon war der Schnee in leuchtendes Rot gehüllt.

»Aber ich gebe dir meine Farbe nicht«, rief die Rose rasch und zog ihr Rot zurück. Der Schnee ging weiter. Er fragte einen schmalen, grünen Grashalm.

»O ja! Das könnte schön ausschauen«, sagte der Grashalm. Schon war der Schnee grasgrün.

»Aber ich gebe dir meine Farbe nicht!«, rief der Grashalm rasch und zog sein Grün zurück. Der Schnee ging weiter. Er fragte die blaue Kornblume.

»O ja! Das könnte schön ausschauen!«, sagte die Kornblume. Schon glitzerte der Schnee blau in der Sonne.

»Aber ich gebe dir meine Farbe nicht«, rief die Kornblume rasch und zog ihr Blau zurück.

Der Schnee fragte das braune Blatt.

Und die rosafarbene Blüte.

Er fragte die bunt gesprenkelte Blume.

Und die gestreifte ...

Aber niemand wollte etwas von seiner Farbe hergeben.

Da traf der Schnee eine kleine weiße Blume mit winzigen Glöckchen. Der Schnee wagte schon kaum mehr, seine Frage zu stellen ...

»O ja!«, sagte die kleine Blume. »Wenn dir meine Farbe gefällt, kann ich dir gern etwas davon geben.« Und so wurde der Schnee weiß.

Auf die Blumen und Blätter und Gräser ist er nicht gut zu sprechen seit damals. Er versucht sie mit seinem Weiß zuzudecken, wo er nur kann. Nur die kleine weiße Blume mit ihren Glöckchen lässt er unberührt. Die kleine Blume trägt seither den Namen Schneeglöckchen, hat doch der Schnee sein schönes Weiß von ihr geschenkt bekommen ...

Christian Morgenstern

Die zwei Wurzeln

Zwei Tannenwurzeln groß und alt
unterhalten sich im Wald.

Was droben in den Wipfeln rauscht,
das wird hier unten ausgetauscht.

Ein altes Eichhorn sitzt dabei
und strickt wohl Strümpfe für die zwei.

Die eine sagt: »Knig.« Die andre sagt: »Knag.«
Das ist genug für einen Tag.

Winterrätsel

Wenn es kalt ist, brauchst du mich,
sonst friert dein Kopf ganz sicherlich.

Mit uns fährst du auf dem Eis,
mal ganz gerade, mal im Kreis.

Es hängt an der Dachrinne und weint,
wenn die liebe Sonne scheint.

Wie heißt der große weiße Mann,
der in der Sonne schmelzen kann?

Hans Christian Andersen

Der Schneemann

Eine so wunderbare Kälte ist es, dass mir der ganze Körper knackt!«, sagte der Schneemann. »Der Wind kann einem wirklich Leben einhauchen. Und wie die Glühende dort glotzt!« Er meinte die Sonne, die gerade im Untergehen begriffen war. »Mich soll sie nicht zum Blinzeln bringen, ich werden schon die Stückchen festhalten.« Er hatte nämlich statt der Augen zwei große, dreieckige Stückchen von einem Dachziegel im Kopf; sein Mund bestand aus einem alten Rechen, folglich hatte sein Mund auch Zähne. Geboren war er unter dem Jubelruf der Knaben, begrüßt vom Schellengeläut und Peitschenknall der Schlitten.

Die Sonne ging unter, der Vollmond ging auf, rund, groß, klar und schön in der blauen Luft. »Da ist sie wieder von einer anderen Seite!«, sagte der Schneemann. Damit wollte er sagen: Die Sonne zeigt sich wieder. »Ich habe ihr doch das Glotzen abgewöhnt! Mag sie jetzt dort hängen und leuchten, damit ich mich selbst sehen kann. Wüsste ich nur, wie man es macht, um von der Stelle zu kommen! Ich möchte mich gar zu gern bewegen! Wenn ich es könnte, würde ich jetzt dort unten auf dem Eis hingleiten, wie ich die Knaben gleiten gesehen habe; allein ich verstehe mich nicht darauf, weiß nicht, wie man läuft.«

»Weg, weg!«, bellte der alte Kettenhund. Er war etwas heiser und konnte nicht mehr das echte »Wau! Wau!« aussprechen. Die Heiserkeit hatte er sich geholt, als er noch Stubenhund war und unter dem Ofen lag. »Die Sonne wird dich schon laufen lehren! Das habe ich vorigen Winter an deinem Vorgänger und noch früher an dessen Vorgänger gesehen. Weg, weg! Und weg sind sie alle!«

»Ich verstehe dich nicht, Kamerad«, sagte der Schneemann. »Die dort oben soll mich laufen lehren?« Er meinte den Mond. »Ja, laufen tat sie vorhin, als ich sie fest ansah, jetzt schleicht sie heran von einer anderen Seite.«

»Du weißt gar nichts!«, entgegnete der Kettenhund. »Du bist aber auch eben erst aufgestellt worden. Der, den du da siehst, das ist der Mond; die, welche vorhin davongegangen ist, das war die Sonne, die kommt morgen wieder, die wird dich das Laufen schon lehren. Wir kriegen bald anderes Wetter, ich fühle es schon in meinem linken Hinterbein, es sticht und schmerzt. Das Wetter wird sich ändern!«

»Ich verstehe ihn nicht«, sagte der Schneemann, »aber ich habe es im Gefühl, dass er über etwas Unangenehmes spricht. Sie, die so glotzte und sich dann davonmachte, die Sonne, wie er sie nennt, ist auch nicht meine Freundin, das habe ich im Gefühl!«

»Weg, weg!«, bellte der Kettenhund, ging dreimal um sich selbst herum und kroch dann in seine Hütte, um zu schlafen.

Das Wetter änderte sich wirklich. Gegen Morgen lag ein dicker, feuchter Nebel über der ganzen Gegend. Später kam der Wind, ein eisiger Wind. Das Frostwetter packte einen ordentlich, aber als die Sonne aufging, welche Pracht! Bäume und Büsche waren mit Reif überzogen, sie glichen einem ganzen Wald von Korallen, alle Zweige schienen mit strahlend weißen Blüten über und über besät. Die vielen und feinen Verästelungen, die der Blätterreichtum während der Sommerzeit verbirgt, kamen jetzt alle zum Vorschein. Es war wie ein Spitzengewebe, glänzend weiß, aus jedem Zweig strömte ein weißer Glanz. Es war wunderbar und schön! Und als die Sonne schien, nein, wie flimmerte und funkelte das Ganze, als läge Diamantenstaub auf allem und als flimmerten auf dem Schneeteppich des Erdbodens die großen Diamanten. Man konnte sich auch vorstellen, dass unzählige kleine Lichter leuchteten, weißer selbst als der weiße Schnee.

»Das ist wunderbar schön!«, sagte ein junges Mädchen, das mit einem jungen Mann in den Garten trat. Beide blieben in der Nähe des Schneemanns stehen und betrachteten von hier aus die flimmernden Bäume. »Einen schöneren Anblick gewährt der Sommer nicht!«, sprach sie, und ihre Augen strahlten.

»Und so einen Kerl wie diesen hier hat man im Sommer erst recht nicht«, erwiderte der junge Mann und zeigte auf den Schneemann. »Er ist hübsch.«

Das junge Mädchen lachte, nickte dem Schneemann zu und tanzte mit ihrem Freund über den Schnee dahin, der unter ihren Schritten knarrte und pfiff, als gingen sie auf Stärkemehl.

»Wer waren die beiden?«, fragte der Schneemann.

»Liebesleute!«, gab der Kettenhund zur Antwort. »Sie werden in eine Hütte ziehen und zusammen am Knochen nagen. Weg, weg!«

»Sind denn die beiden auch solche Wesen wie du und ich?«, fragte der Schneemann.

»Die gehören ja zur Herrschaft!«, versetzte der Kettenhund, »Freilich weiß man sehr wenig, wenn man den Tag zuvor erst zur Welt gekommen ist. Ich merke es dir an! Ich habe das Alter, auch die Kenntnisse; ich kenne alle hier im Haus, und auch eine Zeit habe ich gekannt, da lag ich nicht hier in der Kälte und an der Kette. Weg, weg!«

»Die Kälte ist herrlich!«, sprach der Schneemann. »Erzähle, erzähle! Aber du darfst nicht mit den Ketten rasseln; es knackt in mir, wenn du das tust.«

»Weg, weg!«, bellte der Kettenhund. »Ein kleiner Junge bin ich gewesen, klein und niedlich, sagte man. Damals lag ich auf einem mit Samt überzogenen Stuhl dort oben im Herrenhaus, im Schoß der obersten Herrschaft; mir wurde die Schnauze geküsst und die Pfoten wurden mir mit einem gestickten Taschentuch abgewischt. Ich hieß Ami! Lieber Ami! Süßer Ami! Aber später wurde ich ihnen dort oben zu groß, und sie schenkten mich der Haushälterin. Ich kam in die Kellerwohnung! Du kannst dorthin hinunterschauen, wo ich Herrschaft gewesen bin, denn das war ich bei der Haushälterin. Es war zwar ein geringerer Ort als oben, aber er war gemütlicher, ich wurde nicht in einem fort von Kindern angefasst und gezerrt wie oben. Ich bekam ebenso gutes Futter wie früher, ja besseres noch! Ich hatte mein eigenes Kissen, und ein Ofen war da, der ist um diese Zeit das Schönste von der Welt! Ich ging unter den Ofen, konnte mich darunter ganz verkriechen. Ach, von ihm träume ich noch. Weg, weg!«

»Sieht denn ein Ofen so schön aus?«, fragte der Schneemann. »Hat er Ähnlichkeit mit mir?«

»Der ist gerade das Gegenteil von dir! Rabenschwarz ist er, hat einen langen Hals mit Messingtrommel. Er frisst Brennholz, dass ihm das Feuer aus dem Munde sprüht. Man muss sich an der Seite von ihm halten, dicht daneben, ganz unter ihm, da ist es sehr angenehm. Durch das Fenster wirst du ihn sehen können, von dort aus, wo du stehst.« Und der Schneemann schaute danach und gewahrte einen blank polierten Gegenstand mit einer Trommel aus Messing; das Feuer leuchtete von unten heraus. Dem Schneemann wurde ganz wunderlich zumute, es überkam ihn ein Gefühl, er wusste selber nicht welches, er konnte sich keine Rechenschaft darüber ablegen, aber alle Menschen, wenn sie nicht Schneemänner sind, kennen es. »Und warum verließest du sie?«, fragte der Schneemann. »Wie konntest du nur einen solchen Ort verlassen?«

»Ich musste wohl!«, sagte der Kettenhund. »Man warf mich zur Tür hinaus und legte mich hier an die Kette. Ich hatte den jüngsten Junker ins Bein gebissen, weil er mir den Knochen wegstieß, an dem ich nagte: Knochen um Knochen, so denke ich! Das nahm man mir aber sehr übel, und von dieser Zeit an bin ich an die Kette gelegt worden und habe meine Stimme verloren. Hörst du nicht, dass ich heiser bin? Ich kann nicht mehr so sprechen wie die anderen Hunde: Weg, weg! Das war das Ende vom Lied!«

Der Schneemann hörte ihm aber nicht mehr zu, er schaute immerfort in die Kellerwohnung der Haushälterin, in ihre Stube hinein, wo der Ofen auf seinen vier eisernen Beinen stand und sich in derselben Größe zeigte wie der Schneemann.

»Wie das sonderbar in mir knackt!«, sagte er. »Werde ich nie dort hineinkommen? Es ist doch ein unschuldiger Wunsch, und unsere unschuldigen Wünsche werden gewiss in Erfüllung gehen. Ich muss dort hinein, ich muss mich an sie anlehnen, und wollte ich auch das Fenster eindrücken!«

»Dort hinein wirst du nie gelangen!«, sagte der Kettenhund. »Und kommst du an den Ofen hin, so bist du weg! Weg!«

»Ich bin schon so gut wie weg!«, erwiderte der Schneemann. »Ich breche zusammen, glaube ich.«

Den ganzen Tag stand der Schneemann und schaute durchs Fenster hinein. In der Dämmerstunde wurde die Stube noch einladender, vom Ofen her leuchtete es mild, gar nicht wie der Mond, nicht wie die Sonne; nein, wie nur der Ofen leuchten kann, wenn er etwas zu verspeisen hat. Wenn die Stubentür aufging, hing ihm die Flamme zum Munde heraus, diese Gewohnheit hatte der Ofen. Es flammte deutlich rot auf um das weiße Gesicht des Schneemannes, es leuchtete rot seine ganze Brust herauf. »Ich halte es nicht mehr aus!«, sagte er. »Wie schön es ihr steht, die Zunge so herauszustrecken!«

Die Nacht war lang, dem Schneemann ward sie aber nicht lang, er stand in seine eigenen schönen Gedanken vertieft, und die froren, dass es knackte.

Am Morgen waren die Fensterscheiben der Kellerwohnung mit Eis bedeckt. Sie trugen die schönsten Eisblumen, die nur ein Schneemann verlangen konnte, allein sie verbargen den Ofen. Die Fensterscheiben wollten nicht auftauen, er konnte den Ofen nicht sehen, den er sich als ein so liebliches weibliches Wesen dachte. Es knackte und knickte in ihm und rings um ihn her; es war gerade so ein Frostwetter, an dem ein Schneemann seine Freude haben musste. Er aber freute sich nicht – wie hätte er sich auch glücklich fühlen können, er hatte Ofensehnsucht.

»Das ist eine schlimme Krankheit für einen Schneemann«, sagte der Kettenhund. »Ich habe an der Krankheit gelitten, aber ich habe sie überstanden. Weg! Weg!«, bellte er. »Wir werden anderes Wetter bekommen«, fügte er hinzu.

Und das Wetter änderte sich: Es wurde Tauwetter. Das Tauwetter nahm zu, der Schneemann nahm ab. Er sagte nichts, er klagte nicht, und das ist das richtige Zeichen.

Eines Morgens brach er zusammen. Und sieh, es ragte so etwas wie ein Besenstiel da, wo er gestanden hatte, empor. Um den Stiel herum hatten die Knaben ihn aufgebaut.

»Ja, jetzt begreife ich es, jetzt verstehe ich es, dass er die große Sehnsucht hatte!«, sagte der Kettenhund. »Da ist ja ein Eisen zum Ofenreinigen an dem Stiel, der Schneemann hat einen Ofenkratzer im Leib gehabt! Das ist es, was sich in ihm geregt hat, jetzt ist das überstanden. Weg, weg!«

Und bald darauf war auch der Winter überstanden.

»Weg, weg!«, bellte der heisere Kettenhund, aber die Mädchen aus dem Haus sangen:

Waldmeister grün! Hervor aus dem Haus,
Weide! Die wollenen Handschuhe aus!
Lerche und Kuckuck! Singt fröhlich drein,
Frühling im Februar wird es sein!
Ich singe mit: Kuckuck, Kiwitt
Komm, liebe Sonne, komm oft – kiwitt!

Und nun denkt niemand mehr an den Winter oder an den Schneemann.

Rezept: Kartoffelpuffer

Du brauchst für 3 Portionen:

- 1 kg Kartoffeln
- 1 Zwiebel
- 1 Ei
- 1 TL Salz
- 1 EL Mehl
- etwas Öl

So geht es:

1. Lass dir von einem Erwachsenen helfen!
2. Schäle die Kartoffeln und die Zwiebel und reibe alles mit einer feinen Reibe.
3. Gib das Ei, Salz und Mehl hinzu und verrühre alles.
4. Gieße etwas Öl in eine Pfanne und erhitze es.
5. Gib einen großen Löffel deiner Kartoffelmischung in die Pfanne und brate den Kartoffelpuffer von beiden Seiten an, bis er goldbraun ist.
6. Wiederhole diesen Schritt, bis du die gesamte Mischung zu Kartoffelpuffern verarbeitet hast.

Am besten schmeckt dazu Apfelmus!

Märchen aus Nordamerika

Als die Sonne gestohlen wurde

Vor vielen, vielen Jahren, lange bevor es Menschen gab, lebten alle Tiere friedlich miteinander. Sie sprachen eine gemeinsame Sprache, und es gab keinen Streit unter ihnen. Die Jahreszeiten kamen und gingen, und alle fanden genug Futter, um sich zu ernähren. Einmal aber geschah es, dass der Winter nicht aufhören wollte.

Der Himmel blieb dunkel, schwarze Wolken schoben sich übers Land und immerzu fiel Schnee. Große, schwere Flocken bedeckten die Wiesen und Felder. Mit dem Schnee ringsum wuchs die Stille. Die Tiere blieben in ihren Höhlen und Nestern und sahen zu, wie der Schnee lautlos vom Himmel fiel und alles mit seinem Weiß verhüllte.

»Wir werden bald kein Futter mehr finden«, riefen einige Tiere.

»Wir werden bald erfrieren!«

Die Tiere versammelten sich im Wald.

»Jemand hat die Sonne gestohlen«, sagte der Elch. »Wir müssen sie zurückholen, bevor es zu spät ist!«

Rasch fand sich eine kleine Gruppe von Tieren. Sie sollte sich auf den Weg machen, um die Sonne zu suchen. Der Weg war lang und beschwerlich, aber schließlich standen die Tiere vor dem Eingang zur oberen Welt.

»Lasst uns nachsehen, was mit der Sonne geschehen ist!«, riefen die Mäuse, und schon waren sie durch den Eingang geschlüpft. Die anderen Tiere betraten die obere Welt. Wunderschöne Blumen blühten, ein See glitzerte, überall gab es eine Pracht, wie sie in der unteren Welt nicht zu sehen war. Die Tiere kamen zum Zelt des Großen Bären, der den Eingang zur oberen Welt bewachen sollte. Aber der Große Bär war nicht zu Hause, er war zum See jagen gegangen. Nur seine drei kleinen Kinder waren im Zelt. Sie schauten die Besucher erstaunt an. Auch die Tiere staunten – sie hatten noch nie solche Tiere gesehen, denn zu jener Zeit lebten noch keine Großen Bären in der unteren Welt.

Im Zelt des Großen Bären lagen drei Beutel mit geheimnisvollen Zeichen darauf. Die Tiere öffneten sie – und da kamen die Sonne, der Mond und die Sterne zum Vorschein. Der Große Bär hatte sie gestohlen! Die Tiere gingen zum Eingang der unteren Welt und streuten die Sonne, den

Mond und die Sterne aus – sofort wurde es unter ihnen hell! Jetzt würde der Winter nicht mehr lange bleiben.

Als der Große Bär vom anderen Ufer des Sees aus sah, was geschehen war, sprang er in sein Boot, um zu seinem Zelt zu rudern. Aber die Mäuse hatten längst sein Ruder zernagt. So kam er nicht weit, und als er zornig im Boot aufstand, da kippte es um und der Bär fiel ins Wasser.

»Lasst uns gehen!«, riefen die Tiere. »Wir haben die Sonne zurückgeholt!« Sie machten sich auf den Heimweg, und die drei kleinen Bären folgten ihnen. Seither leben auch Bären in unserer Welt.

Die Tiere beeilten sich bei ihrem Rückweg, sie wollten so schnell wie möglich nach Hause – und so kam es zu vielen kleinen Zwischenfällen. Der ungeschickte Bison trat dem Biber aus Versehen auf den Schwanz. Seit jenem Tag hat der Biber einen flach gedrückten Schwanz. Und weil bei dem Unglück ein paar Blutstropfen auf die kleine Wildkatze spritzten, trägt ihr Fell bis heute dunkle Streifen. Der Elch schaute beim Gehen zu wenig auf den Weg und fiel über seine eigenen Beine. Seither hat er eine geschwollene Nase.

Die Tiere liefen und liefen, aber als sie die untere Welt erreicht hatten, sahen sie nur Wasser. Der viele Schnee vom langen Winter war geschmolzen! Überall war Wasser, weit und breit war kein Land zu sehen ... Die Fische, die bisher – wie alle anderen Tiere – auf dem Land gelebt hatten, sprangen ins Wasser, um nach dem Weg Ausschau zu halten. Das Auf- und Abgleiten, das Schweben im Wasser gefiel ihnen, das war noch schöner als draußen in der Luft zu sein! Seither leben die Fische im Wasser. Die größeren Fische nahmen die anderen Tiere auf den Rücken und zogen sie vorsichtig übers Wasser, um trockenes Land zu finden. Die Enten tauchten immer wieder mit dem Schnabel unter, um das Land unter dem Wasser nach oben zu ziehen. Sie versuchten und versuchten es, wieder und wieder, und obwohl es ihnen bis heute nicht gelingen will, so geben sie nicht auf. Immer noch kann man sehen, wie sie mit dem Schnabel hinabtauchen ...

Als die Fische müde wurden und ihre Kräfte nachließen, wurde ein bunter Vogel ausgeschickt, um nach Land zu suchen. Der Vogel, der sich auf sein schönes Gefieder viel einbildete, war der Rabe. Er wurde bald müde und vergaß nach Land zu suchen. Er suchte sich einen Platz zum Rasten und bewunderte sein Spiegelbild im Wasser, dann sang er ein paar Lieder. Schließlich begann er einen großen Knochen abzunagen. Die anderen Tiere waren zornig. Zur Strafe wurde der Rabe schwarz, und nicht nur sein buntes Gefieder war mit einem Mal verschwunden, sondern auch seine schöne Stimme. Seither krächzt der Rabe mit lauter, heiserer Stimme, und als Futter bekommt er nur das, was die anderen wegwerfen. Schließlich wurde das Schneehuhn ausgeschickt, um den richtigen Weg zu finden. Nach langer Suche fand es trockenes Land und zur Belohnung dafür darf das Schneehuhn seither zwei schöne Kleider tragen – ein weißes im Winter und ein braunes im Sommer.

Die Tiere, die die Sonne zurückgeholt hatten, wurden von den anderen Tieren stürmisch gefeiert. Der Winter war längst verschwunden und die Sonne sorgte dafür, dass es wieder genug Nahrung für alle gab. Aber das Leben der Tiere hatte sich verändert. Die Fische blieben im Wasser, die Hirsche und Rehe zog es in den Wald, der Biber, der sich für seinen flach gedrückten Schwanz schämte, ließ sich mitten im See nieder, dort, wo ihn keiner sehen konnte. Die Vögel flogen in alle Himmelsrichtungen und der Elch lebte von nun an in Sumpfgebieten, dort, wo er seine geschwollene Nase gut kühlen konnte.

So begannen alle Tiere ihr eigenes Leben und bald vergaßen sie ihre gemeinsame Sprache. Es dauerte nicht lange, und einer verstand nicht mehr, was der andere gesagt hatte. Das war zu jener Zeit, als auch die ersten Menschen ins Land kamen …

Josef Guggenmos

Schnee im Dorf

Wohin man schaut, lümmeln sie auf den Hecken, dick und weiß und faul, und drücken die Zweige nieder. Schneebären!

Auf den Ästen der Obstbäume liegen sie zu Aberhunderten: Schneemarder und Schneemäuse! Schneepudel! Schneepumas! Und dort gar, in der großen Astgabel, ein richtiger Schneenikolaus!

Hubers haben einen Zaun. Der gilt nicht mehr. Schnee steigt von der Straße in Hubers Garten. Und von Hubers Garten in Auerbachs Garten.

Schnee.

Schnee.

Und es schneit noch immer.

Am Weg steht ein Nilpferd, bis hoch über die Ohren eingeschneit. Vielleicht stößt man auch, wenn man nachgräbt, auf ein Auto.

Ich gehe mitten auf der Straße.

Heute fährt nur, wer wirklich muss. Keiner muss wirklich.

Ich tue einen spaßigen Gang. Zum Postkasten. Unterm Mantel, in der inneren Rocktasche, trage ich einen Brief nach Graz. Ich hätte auch daraufschreiben können: Paradies. Oder Atlantis. Es gibt nur noch das Dorf. Und vielleicht noch die Flur drumherum. Und wenn's hoch geht, den Wald auf dem Hügel.

Ein Schneemann kommt auf mich zu. Wir bleiben stehen und reden ein paar Worte miteinander.

Heute redet jeder mit jedem.

So ein Tag ist das.

Bastelanleitung: Schneekugel

Du brauchst:

- ein leeres Marmeladen- oder Senfglas
- wasserfesten Klebstoff
- Kunstschnee (aus dem Bastelladen)
- einen Tropfen Spülmittel
- destilliertes Wasser
- eine kleine Figur, die in deinem Glas einschneien soll

So geht es:

1. Lass dir von einem Erwachsenen helfen!
2. Mach Glas und Deckel richtig sauber. Klebe mit dem wasserfesten Klebstoff deine kleine Figur auf die Innenseite des Deckels.
3. Lass den Klebstoff richtig gut trocknen.
4. Gib etwas Schneepulver in das Glas.
5. Fülle das Glas mit dem destillierten Wasser und gib einen Tropfen Spülmittel hinzu. Der verhindert, dass der Kunstschnee zusammenklumpt.
6. Schraube den Deckel auf das Glas und drehe es um.
7. Und jetzt heißt es: Schütteln!

Fertig ist dein Schneegestöber für zu Hause!

Spüli
DESTILLIERTES
WASSER

Schlittenzeit

Volkslied

Schneeflöckchen, Weißröckchen

Schneeflöckchen, Weißröckchen,
wann kommst du geschneit?
Du wohnst in den Wolken,
dein Weg ist so weit.
Komm setz dich ans Fenster,
du lieblicher Stern,
malst Blumen und Blätter,
wir haben dich gern.
Schneeflöckchen, du deckst uns
die Blümelein zu,
dann schlafen sie sicher
in himmlischer Ruh'.
Schneeflöckchen, Weißröckchen,
komm zu uns ins Tal.
Dann bau'n wir den Schneemann
und werfen den Ball.

Franz Hohler

Die dumme Lawine

Ganz hoch oben in den Bergen, dort, wo das ganze Jahr Schnee liegt, gibt es eine Schule für Lawinen.

Sie liegt zuhinterst in einem Talkessel, den kaum je ein Mensch betritt.

Dort kommen zu Beginn des Winters für eine Woche oder zwei von allen Teilen der Alpen her die zukünftigen Lawinen, um zu lernen, was es alles braucht, damit man mit Macht und Wucht einen Hang hinunterdonnern kann.

Ihre Lehrerin ist die alte Schlawine. Sie zeichnet mit Eiszapfen Lawinenverbauungen, Schutzwälder und Seilbahnstationen auf eine große schwarze Felswand, und die kleinen Lawinen müssen nach vorn kommen und mit einem Eiszapfen den besten Weg in die Tiefe einzeichnen.

Die alte Schlawine sagt ihren Schülerinnen auch, wie wichtig es ist, gut und verführerisch auszusehen, um unvorsichtige Skifahrer anzulocken, die einen lostreten können. Dann erzählt sie, wie interessant es ist, Bäume und Elektrizitätsmasten zu knicken, Ställe und Häuser zu zermanschen und Menschen unter sich zu begraben, die man nachher mit Hunden und Stangen suchen muss, bis man sie tot herausbuddeln kann.

Die kleinen Lawinen nicken und versuchen sich alles zu merken.

In einer Klasse war einmal eine Lawine, die war sehr dumm und stellte nur unmögliche Fragen.

Sie wollte zum Beispiel wissen, warum nicht mit jeder Lawine ein Lawinenhund mitrannte, der dann die Verschütteten sofort ausgraben könnte. Oder sie fragte, wie man am besten beim Aufräumen helfen könne, wenn man ein Haus kaputt gemacht habe. Und einmal hob sie den Finger mit der Frage, wieso eigentlich Lawinen immer hinuntersausten und nie hinauf.

Das gab ein Gekicher von all den kleinen Lawinen und ein Gelächter von der alten Schlawine, dass der ganze Talkessel davon widerhallte.

»Hinauf?«, fragte die Lehrerin, halb erstickt vor Lachen, »Wie willst du denn hinauf?«

»Genau so wie wir hinunterfahren«, sagte die dumme Lawine, »mit Macht und Wucht.«

»Das können wir nicht«, sagte die alte Schlawine, »das hat noch nie eine von uns gekonnt. Wir müssen einfach hinunter, das war schon immer so.«

Aber eigentlich konnte sie auch nicht erklären, wieso das schon immer so war.

»Wir müssten eben den Wind fragen«, sagte die dumme Lawine und erzählte, dass am Berggrat, wo sie wohnte, der Wind so stark blies, dass es den Schnee nach oben trieb, wo er sich dann zu großen Wechten verklumpe.

»Papperlapapp«, sagte die alte Schlawine, »der Wind ist viel zu schlapp, der ist lang nicht so stark wie wir, wenn wir ins Tal hinunterbrausen. Und jetzt gibt es eine Rechnung: Ihr liegt an einem Hang mit 45 % Neigung und seid 80 cm dick und 40 m lang. Unter euch ist festgefrorener Schnee vom letzten Jahr. Wie viel Neuschnee braucht es, damit ihr losbrechen könnt?«

Und seufzend beugten sich die kleinen Lawinen über die schwere Aufgabe.

Als die dumme Lawine nach Hause ging, hatte sie eines der schlechtesten Zeugnisse, und ihr Vater, der bucklige Schneerutsch, brummte, so bringe sie es nie ins Tal hinunter. Sie solle lieber jetzt schon gehen und sich oberhalb des Dorfes niederlegen, dann sei sie wenigstens einmal in ihrem Leben unten gewesen. Traurig kroch die dumme Lawine die Abhänge hinunter und legte sich oberhalb des Dorfes hin. Aber da kam der Wind zu ihr hergesäuselt und sagte, er habe ihre Antwort gehört, und wenn sie ihn einmal brauche, solle sie ihn nur rufen.

Die kleine Lawine lag nun den ganzen Winter oberhalb des Dorfes auf einer Skipiste und lernte alle Kinder kennen, die mit der Sesselbahn in die Höhe gondelten und dann über sie hinweg wieder nach unten fuhren. Besonders gern hatte sie einen Jungen, der offenbar ziemlich dumm war, denn häufig sauste er mit seinem Snowboard neben die Piste in den Schnee hinaus, statt richtig abzubremsen, wie es die andern machten.

Einmal hatte es so stark geschneit, dass die Piste nicht geöffnet wurde, weil alle Angst vor Lawinen hatten. Da sah die dumme Lawine, wie der kleine Junge ganz allein mit seinem Snowboard auf dem Rücken den Hang hinaufstapfte, dort hinauf, wo vielleicht eine andere Lawine bereitlag, die in der Schule besser aufgepasst hatte.

Und als der Junge ganz hoch oben war, obwohl er immer tiefer einsank, sah die dumme Lawine, wie das Schneefeld, das zwischen den Felsen lag, Risse bekam. Genau so hatten sie es bei der alten Schlawine gelernt, zuerst auf der Seite anreißen und dann in der Mitte hinunter, mit Macht und Wucht. »Wind!«, rief die dumme Lawine so laut sie konnte, »Wind!«, aber der Wind kam nicht.

Dafür hatten jetzt die Eltern ihren kleinen Jungen gesehen.

»Nicht weitergehen!«, brüllte der Vater hinauf, »Sonst gibt's eine Lawine!«

Und die Risse am Rande des Schneefeldes wurden länger.

»Geh zum Fels!«, schrie die Mutter, bleich vor Schreck. Aber der Junge drehte sich nicht einmal um.

»Wind!«, rief die dumme Lawine verzweifelt, »Wind!«

Der Wind schien sie nicht gehört zu haben.

Die Risse liefen nun von den Rändern des Schneefeldes aufeinander zu, in die Mitte. Wenn sie sich erreichten, würde die Lawine losbrechen.

»Wind!«, heulte die dumme Lawine mit letzter Kraft, »Wind! Stoß mich hinauf!«

Und als sich nun oben die große Lawine löste und mit Macht und Wucht ins Tal donnern wollte, erhob sich ein gewaltiges Sausen und Brausen, und ein Windstoß schob die dumme Lawine mit solcher Gewalt den Hang hinauf, dass die obere Lawine zum Stehen kam, und mit ihr der kleine Junge, den diese gerade hatte verschlucken wollen.

»Das ist ja unser Dummerchen«, sagte die große Lawine verärgert, denn sie war mit der dummen Lawine zur Schule gegangen. Die Leute des Dorfes hatten so etwas noch nie gesehen und konnten es sich nicht erklären.

Sie zeigten den Reportern der Zeitungen und des Fernsehens die Stelle oberhalb des Dorfes, wo die dumme Lawine einen Winter lang gelegen hatte, und darunter war jetzt das dürre Gras zu sehen. Sie erzählten vom Sturmwind, der auf einmal den Hang hinaufgeblasen habe, mit einer Macht und Wucht, wie sie das noch nie erlebt hatten, aber so richtig glauben wollte es niemand.

Doch die Eltern des dummen Jungen waren überglücklich.

Die dumme Lawine und die große Lawine lagen noch den ganzen Frühling dicht beieinander.

»Ich begreife das nicht«, sagte die große Lawine immer wieder, »wir Lawinen müssen doch einfach hinunter, wie wir es in der Schule gelernt haben.«

»Gewöhnlich schon«, sagte die dumme Lawine, »aber ausnahmsweise, wenn es wirklich sein muss, können wir auch einmal hinauf.«

Und sie lächelte zufrieden vor sich hin, bis sie im Frühling schmolz und unter ihr die Soldanellen und Krokusse zum Vorschein kamen.

Josef Guggenmos

Spuren von winzigen Zehen

Was ist da im Schnee zu sehen?
Spuren von winzigen Zehen.

Eine kleine Maus –
hier kam sie heraus!
Verschwunden ist sie, husch,
in jenem Loch vor dem Haselbusch.

Zwischen den Tritten
fein
ein Strich.
Was kann's sein?
Da zog es das Schwänzlein
hinter sich drein.

Bernhard Lins

Frau Holle

KINDERTHEATER

Personen: Kinder, Frau Holle, Pechmarie, Hahn, Goldmarie

Kinder: Frau Holle, Frau Holle, wann gibt es Schnee?

Frau Holle: Ruft lauter, dass ich euch besser versteh!

Kinder: Frau Holle, Frau Holle, wann gibt es Schnee?

Frau Holle: Tut mir Leid, liebe Kinder, ich seh keinen Schnee.

Pechmarie: Schuld bin ich, die Pechmarie. Ich war faul, so faul wie noch nie. Hab das Brot nicht aus dem Ofen geholt, da wurde es schwarz und ganz verkohlt. Hab nicht die Äpfel vom Baum gerüttelt, auch nicht Frau Holles Decken geschüttelt. Und der Hahn auf dem Mist, der schrie:

Hahn: Kikeriki, da kommt sie wieder, die Pechmarie!

Kinder: Frau Holle, dann schüttle doch du die Betten, weil wir so gerne Schneeflocken hätten.

Frau Holle: Hallo, da kommt wer zur Tür herein. Bald wird es bei euch auf der Erde schnein. Und der Hahn auf dem Mist, der schrie:

Hahn: Kikeriki, da kommt sie wieder, die Goldmarie!

Goldmarie: Ich hab das Brot aus dem Ofen geholt, es war knusprig braun und gar nicht verkohlt. Ich habe die Äpfel vom Baum gerüttelt. Nun werden Frau Holles Decken geschüttelt. Ihr dürft euch schon freun. Bald wird es schnein.

Kinder: Habt Dank, ihr beiden! Nun wird es Zeit, dass es nun endlich, nun endlich, mal schneit!

Hans Christian Andersen

Siebente Geschichte – Von dem Schloss der Schneekönigin und was sich später darin zutrug

Die Wände des Schlosses waren gebaut aus dem treibenden Schnee und die Fenster und Türen von den schneidenden Winden. Es waren über hundert Säle darin, alle wie sie der Schnee zusammenwehte. Der größte Saal erstreckte sich mehrere Meilen lang. Das starke Nordlicht beleuchtete sie alle, und sie waren so groß, so leer, so eisig kalt und so glänzend! Nie gab es hier fröhliche Feste, nicht einmal einen kleinen Bärenball, wozu der Sturm hätte aufspielen und wobei die Eisbären hätten auf den Hinterfüßen gehen und ihre feinen Manieren zeigen können; nie eine kleine Spielgesellschaft mit Maulklapp und Tatzenschlag; nie ein klein bisschen Kaffeeklatsch von den Weißfuchs-Frauen; leer, groß und kalt war es in den Sälen der Schneekönigin. Die Nordlichter flammten so genau, dass man zählen konnte, wann sie am höchsten und wann sie am niedrigsten standen. Mitten in diesem leeren, unendlichen Schneesaal war ein zugefrorener See, der in tausend Stücke zersprungen war; aber jedes Stück war dem andern so gleich, dass es ein vollkommenes Kunstwerk war. Und mitten auf dem See saß die Schneekönigin, wenn sie zu Hause war, und dann sagte sie, dass sie im Spiegel des Verstandes säße.

Der kleine Kay war ganz blau vor Kälte, ja, fast schwarz, aber er merkte es nicht, denn sie hatte ihm den Frostschauer abgeküsst, und sein Herz glich einem Eisklumpen. Er schleppte einige scharfe, flache Eisstücke hin und her, die er auf alle mögliche Weise aneinanderfügte, denn er wollte damit etwas bauen. Kay legte Figuren, und zwar die allerkunstvollsten. Das war das Eisspiel des Verstandes. In seinen Augen waren die Figuren ganz ausgezeichnet und von der höchsten Wichtigkeit: Das machte das Glaskörnchen, welches ihm im Auge saß! Er legte vollständige Figuren, die ein geschriebenes Wort waren, aber nie schaffte er es, das Wort zu legen, das er unbedingt haben wollte, das Wort »Ewigkeit«. Und die Schneekönigin hatte gesagt: »Kannst du diese Figur legen, dann sollst du dein eigener Herr sein, und ich schenke dir die ganze Welt und ein Paar neue Schlittschuhe.« Aber er konnte es nicht.

»Nun sause ich fort zu den warmen Ländern«, sagte die Schneekönigin. »Ich will hinfahren und in die schwarzen Töpfe hineinsehen!« Das waren die feuer-

speienden Berge Ätna und Vesuv, wie man sie nennt. »Ich werde sie ein wenig weiß machen! Das gehört dazu, das tut den Zitronen und Weintrauben gut!« Und die Schneekönigin flog davon, und Kay saß ganz allein in dem riesigen, leeren Eissaal, betrachtete die Eisstücke und dachte und dachte, so dass es in ihm knackte. Ganz steif und still saß er, man hätte glauben können, er sei erfroren.

Da geschah es, dass die kleine Gerda durch das große Tor in das Schloss trat. Hier wehten schneidende Winde, aber sie betete ein Abendgebet, und da legten sich die Winde, als ob sie schlafen wollten. Und sie trat in die großen, leeren, kalten Säle ein – da erblickte sie Kay. Sie erkannte ihn, sie flog ihm um den Hals, hielt ihn so fest und rief: »Kay! Lieber, kleiner Kay! Da habe ich dich endlich gefunden!«

Doch Kay saß ganz still, steif und kalt. Da weinte die kleine Gerda heiße Tränen, die auf seine Brust fielen, sie drangen in sein Herz, sie tauten den Eisklumpen auf und verzehrten das kleine Spiegelstück darin. Er betrachtete sie, und sie sang:

Rosen, die blüh'n und verwehen;
Wir werden das Christkindlein sehen!

Da brach Kay in Tränen aus. Er weinte so, dass das Spiegelsplitterchen aus dem Auge schwamm, und nun erkannte er sie und jubelte: »Gerda! Liebe, kleine Gerda! Wo bist du so lange gewesen? Und wo bin ich gewesen?« Und er blickte um sich. »Wie kalt es hier ist! Wie es hier weit und leer ist!«

Und er klammerte sich an Gerda und sie lachte und weinte vor Freude. Das war so herrlich, dass selbst die Eisstücke vor Freude ringsherum tanzten, und als sie müde waren und sich niederlegten, lagen sie gerade in den Buchstaben, von denen die Schneekönigin gesagt hatte, dass er sie ausfindig machen sollte, dann wäre er sein eigener Herr und sie wolle ihm die ganze Welt und ein Paar neue Schlittschuhe geben.

Und Gerda küsste seine Wangen, und sie blühten auf; sie küsste seine Augen, und sie leuchteten gleich den ihrigen; sie küsste seine Hände und Füße, und er war gesund und munter. Die Schneekönigin mochte nun nach Hause kommen; sein Freibrief stand da mit glänzenden Eisstücken geschrieben.

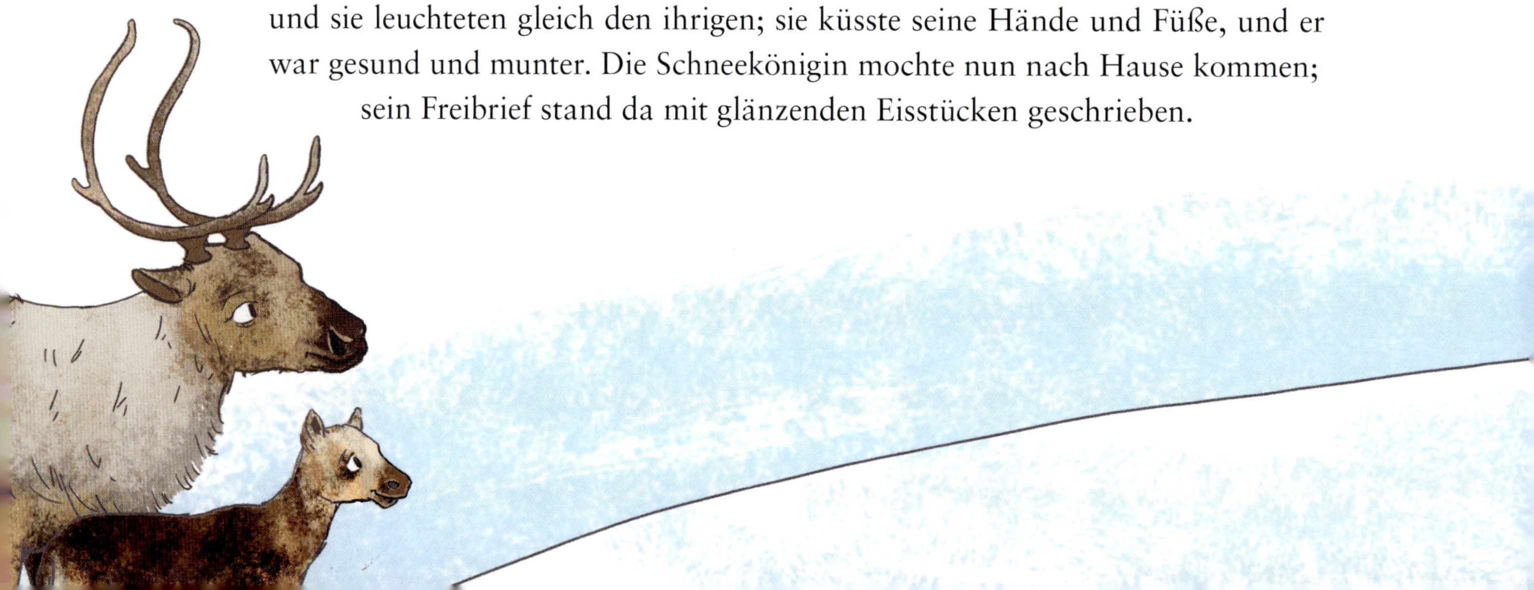

Und sie fassten einander bei den Händen und wanderten aus dem großen Schloss hinaus. Sie sprachen von der Großmutter und von den Rosen oben auf dem Dach, und wo sie gingen, ruhten die Winde und die Sonne brach hervor. Und als sie den Busch mit den roten Beeren erreichten, stand das Rentier da und wartete. Es hatte ein anderes junges Rentier mit sich, dessen Euter voll war, und dieses gab den Kleinen seine warme Milch und küsste sie auf den Mund. Dann trugen sie Kay und Gerda erst zur Finnin, wo sie sich in der heißen Stube aufwärmten und über die Heimreise Bescheid erhielten, dann zur Lappin, welche ihnen neue Kleider genäht und ihren Schlitten instandgesetzt hatte.

Bastelanleitung: Schneeflocke aus Papier

Du brauchst:

- Papier (z. B. ganz normales Druckerpapier)
- Schere

So geht es:

1. Lass dir von einem Erwachsenen helfen!
2. Lege ein DIN-A4-Blatt mit der kurzen Seite nach oben vor dich.
3. Falte die rechte untere Ecke nach links oben, bis sie den linken Rand des Blattes berührt.
4. Schneide den übrigbleibenden Streifen am oberen Blattrand ab, sodass ein Dreieck entsteht.
5. Falte das Dreieck auseinander, sodass du nun ein Quadrat vor dir hast.
6. Falte das Quadrat erst von links nach rechts in der Mitte.
7. Dann falte es von unten nach oben. Jetzt hast du ein kleines Quadrat.
8. Falte die rechte untere Ecke des kleinen Quadrats an die linke obere Ecke, sodass wieder ein Dreieck entsteht.
9. Falte dieses kleine Dreieck einmal längs in der Mitte.
10. Schneide nun die überstehende Spitze ab.
11. Von deinem gefalteten Stück Papier kannst du nun ein kleines Stück der oberen Spitze abschneiden.
12. Schneide in die untere, längere Seite ein kleines Dreieck.

Verschönere damit das Fenster in deinem Kinderzimmer!

2
3
4
5
6
7
8
9
10
11
12

Eiseskälte

Christian Morgenstern

Schlummerliedchen

Schlaf, Kindlein, schlaf!
Es war einmal ein Schaf.
Das Schaf, das ward geschoren,
da hat das Schaf gefroren.
Da zog ein guter Mann
ihm seinen Mantel an.
Jetzt braucht's nicht mehr zu frieren,
kann froh herumspazieren.

Schlaf, Kindlein, schlaf!
Es war einmal ein Schaf.

Matthias Claudius

Der Winter ist ein rechter Mann

Der Winter ist ein rechter Mann,
kernfest und auf die Dauer;
sein Fleisch fühlt sich wie Eisen an
und scheut nicht süß noch sauer.

Aus Blumen und aus Vogelsang
weiß er sich nichts zu machen,
hasst warmen Drang und warmen Klang
und alle warmen Sachen.

Doch wenn die Füchse bellen sehr,
wenn's Holz im Ofen knittert,
und um den Ofen Knecht und Herr
die Hände reibt und zittert;

wenn Stein und Bein vor Frost zerbricht
und Teich' und Seen krachen:
Das klingt ihm gut, das hasst er nicht,
dann will er sich totlachen.

Sein Schloss von Eis liegt ganz hinaus
beim Nordpol an dem Strande;
doch hat er auch ein Sommerhaus
im lieben Schweizerlande.

Da ist er denn bald dort, bald hier,
gut Regiment zu führen.
Und wenn er durchzieht, stehen wir
und seh'n ihn an und frieren.

Rezept: Kinderpunsch

Du brauchst:

- 1,5 Liter Apfelsaft
- 1 Liter roter Traubensaft
- 8 Nelken
- 1 Stange Zimt
- Apfelsinenschale und Saft von einer Apfelsine

So geht es:

1. Lass dir von einem Erwachsenen helfen!
2. Gib alle Zutaten in einen Topf und erhitze die Mischung. Achtung, nicht kochen lassen!
3. Nimm den Topf vom Herd und entferne mit einem Löffel vorsichtig die Nelken, die Zimtstange und die Apfelsinenschale.
4. Fülle den Punsch mit einer Kelle in Tassen oder Gläser.

Fertig ist dein wohlig warmes Wintergetränk!

Traubensaft
ROT
Apfelsaft
NATURTRÜB

Bernhard Lins

Das Mädchen mit den Schwefelhölzchen

KINDERTHEATER

Personen: 1. Erzähler, 2. Erzähler, 3. Erzähler, Großmutters Stimme, Mädchen, Frau, 2 Männer, Leute

1. Erzähler: Es war der letzte Tag im Jahr und dunkel war's geworden. Ein Mädchen ging da ganz allein. Kalt blies der Wind von Norden.

Mädchen: Schwefelhölzchen, Schwefelhölzchen! Kauft, ihr lieben Leut! Schwefelhölzchen, Schwefelhölzchen! Kauft doch, bitte, heut!

2. Erzähler: Kein Hölzchen hatte sie verkauft. Das alte Jahr war aus. Und ohne Geld, da traute sich das Mädchen nicht nach Haus. Die Kleine saß im Schnee, und dann fing sie wieder zu rufen an:

Mädchen: Schwefelhölzchen, Schwefelhölzchen! Kauft, ihr lieben Leut! Schwefelhölzchen, Schwefelhölzchen! Kauft doch, bitte, heut! Ich mache jetzt ein Streichholz an, damit ich mich dran wärmen kann.

Frau: Das arme Kind im kalten Wind.

1. Mann: Schau weg, es ist ein Bettelkind.

Mädchen: Schwefelhölzchen, Schwefelhölzchen! Kauft, ihr lieben Leut! Schwefelhölzchen, Schwefelhölzchen! Kauft doch, bitte, heut! Ich mache noch ein Streichholz an, damit ich mich dran wärmen kann.

2. Mann: He, Kleine, geh nach Haus und mach die Schwefelhölzchen aus.

Mädchen: Ich mache noch ein Hölzchen an, damit ich mich dran wärmen kann.

3. Erzähler: Bald hatte sie keine Streichhölzer mehr. Und dunkel und kalt war es wie vorher.

Mädchen: Großmutter, mich friert es, und es schneit! Großmutter, es ist Weihnachtszeit!

Großmutters Stimme: Komm, mein Kind, bei mir ist's warm. Komm, mein Kind, in meinen Arm. Komm, mein Kind, was immer sei, Angst und Kälte sind vorbei.

1. Erzähler: Es war der letzte Tag im Jahr und dunkel war's geworden. Ein kleines Mädchen lag im Schnee. Kalt blies der Wind von Norden. Und die Leute sagten:

Leute: Sie hätte sich wärmen sollen.

James Krüss

Ein Jahr ist zu Ende …

Ein Jahr ist zu Ende.
Nun gebt euch die Hände
Und sagt: Alles Gute! Gesundheit und Glück!
Beschließt in Gedanken,
Euch nicht mehr zu zanken,
Und denkt an die Sünden vom Vorjahr zurück.

Bleibt nett und verträglich,
Und drückt euch nicht täglich
Vom Waschen und Lernen auf listige Art!
Tut's auch nicht verdrießlich!
Es bleibt euch ja schließlich,
Ob schneller, ob langsamer, doch nicht erspart.

Ein Jahr will beginnen.
Im Glockenturm drinnen
Erschrecken die Tauben vom Bimm und vom Bumm.
Seid nicht wie die Tauben!
Ihr müsst an euch glauben.
Stapft fröhlich ins Neujahr und dreht euch nicht um!

Brüder Grimm

Schneewittchen

Es war einmal mitten im Winter, die Schneeflocken fielen wie Federn vom Himmel herab. Da saß eine Königin an einem Fenster, das einen Rahmen aus schwarzem Ebenholz hatte, und nähte. Und wie sie so nähte und zu den Schneeflocken aufblickte, stach sie sich mit der Nadel in den Finger, und es fielen drei Tropfen Blut in den Schnee. Und weil das Rote im weißen Schnee so schön aussah, dachte sie bei sich: »Hätt' ich ein Kind, so weiß wie Schnee, so rot wie Blut und so schwarz wie das Holz an dem Rahmen!« Bald darauf bekam sie ein Töchterlein, das war so weiß wie Schnee, so rot wie Blut und so schwarzhaarig wie Ebenholz und wurde darum Schneewittchen genannt. Und als das Kind geboren war, starb die Königin. Nach einem Jahr heiratete der König eine neue Frau. Es war eine schöne Frau, aber sie war stolz und übermütig und konnte nicht leiden, dass sie an Schönheit von jemandem übertroffen werden sollte. Sie hatte einen wunderbaren Spiegel; wenn sie vor den trat und sich darin anschaute, sprach sie:

»Spieglein, Spieglein an der Wand,
wer ist die Schönste im ganzen Land?«

Da antwortete der Spiegel:
»Frau Königin, Ihr seid die Schönste im Land.«

Dann war sie zufrieden, denn sie wusste, dass der Spiegel die Wahrheit sagte. Schneewittchen aber wuchs heran und wurde immer schöner, und als es sieben Jahre alt war, war es so schön, wie der klare Tag und schöner als die Königin selbst. Als diese einmal ihren Spiegel fragte:

»Spieglein, Spieglein an der Wand,
wer ist die Schönste im ganzen Land?«

Da antwortete er:
»Frau Königin, Ihr seid die Schönste hier,
aber Schneewittchen ist tausendmal schöner als Ihr.«

Da erschrak die Königin und wurde gelb und grün vor Neid. Von da an drehte sich ihr das Herz im Leibe um, wenn sie Schneewittchen erblickte, so hasste sie das Mädchen. Und der Neid und Hochmut wuchsen wie ein Unkraut in ihrem Herzen immer weiter, sodass sie Tag und Nacht keine Ruhe mehr hatte. Da rief sie einen Jäger und sprach: »Bring das Kind hinaus in den Wald, ich will's nicht mehr vor meinen Augen sehen. Du sollst es töten und mir Lunge und Leber zum Beweis mitbringen.« Der Jäger gehorchte und führte das Kind hinaus, und als er den Hirschfänger gezogen hatte und Schneewittchens unschuldiges Herz durchbohren wollte, fing es an zu weinen und sprach: »Ach, lieber Jäger, lass mir mein Leben! Ich will in den wilden Wald laufen und nimmermehr wieder heimkommen.« Und weil es gar so schön war, hatte der Jäger Mitleid und sprach: »So lauf hin, du armes Kind!«

»Die wilden Tiere werden dich bald gefressen haben«, dachte er, und doch war's ihm, als wäre ein Stein von seinem Herzen gewälzt, weil er es nicht zu töten brauchte. Und als gerade ein junger Frischling dahergesprungen kam, stach er ihn ab, nahm Lunge und Leber heraus und brachte sie als Beweis der Königin mit. Der Koch musste sie in Salz kochen, und das boshafte Weib aß sie auf und meinte, sie hätte Schneewittchens Lunge und Leber gegessen.

Nun war das arme Kind in dem großen Wald mutterseelenallein, und hatte solche Angst, dass es alle Blätter an den Bäumen ansah und nicht wusste, wie es sich helfen sollte. Da fing es an zu laufen und lief über die spitzen Steine und durch die Dornen, und die wilden Tiere sprangen an ihm vorbei, aber sie taten ihm nichts. Es lief, so lange nur die Füße noch fortkonnten, bis es bald Abend wurde. Da sah es ein kleines Häuschen und ging hinein, um sich auszuruhen. In dem Häuschen war alles klein, aber so zierlich und reinlich, dass es nicht zu sagen ist. Da stand ein weißgedecktes Tischlein mit sieben kleinen Tellern, jedes Tellerlein mit seinem Löffelein, ferner sieben Messerlein und Gäbelein und sieben Becherlein. An der Wand waren sieben Bettlein nebeneinander aufgestellt und schneeweiße Laken darüber gedeckt. Schneewittchen, weil es so hungrig und durstig war, aß von jedem Tellerlein ein wenig Gemüse und Brot und trank aus jedem Becherlein einen Tropfen Wein, denn es wollte nicht einem alles wegnehmen. Danach, weil es so müde war, legte es sich in ein Bettchen, aber keins passte; das eine war zu lang, das andere zu kurz, bis endlich das siebente recht war; und darin blieb es liegen, befahl sich Gott und schlief ein.

Als es ganz dunkel geworden war, kamen die Herren von dem Häuslein, das waren die sieben Zwerge, die in den Bergen nach Erz hackten und gruben. Sie zündeten ihre sieben Lichtlein an, und wie es nun hell im Häuslein ward, sahen sie, dass jemand darin gesessen hatte, denn es stand nicht alles so in der Ordnung, wie sie es verlassen hatten. Der erste sprach: »Wer hat auf meinem Stühlchen gesessen?« Der zweite: »Wer hat von meinem Tellerchen gegessen?« Der dritte: »Wer hat von meinem Brötchen genommen?« Der vierte: »Wer hat von meinem Gemüschen gegessen?« Der fünfte: »Wer hat mit meinem Gäbelchen gestochen?« Der sechste: »Wer hat mit meinem Messerchen geschnitten?« Der siebente: »Wer hat aus meinem Becherlein getrunken?« Dann sah sich der erste um und sah, dass auf seinem Bett eine kleine Delle war, da sprach er: »Wer hat in mein Bettchen getreten?« Die anderen kamen gelaufen und riefen: »In meinem hat auch jemand gelegen!« Der siebente aber, als er in sein Bett sah, erblickte Schneewittchen, das lag darin und schlief. Nun rief er die andern, die kamen herbeigelaufen und schrien vor Verwunderung, holten ihre sieben Lichtlein und beleuchteten Schneewittchen. »Ei, du mein Gott! Ei, du mein Gott!«, riefen sie, »Was ist das Kind so schön!« Und hatten so große Freude, dass sie es nicht aufweckten, sondern im Bettlein fortschlafen ließen. Der siebente Zwerg aber schlief bei seinen Gesellen, bei jedem eine Stunde, da war die Nacht herum. Als es Morgen war, erwachte Schneewittchen, und als es die sieben Zwerge sah, erschrak es. Sie waren aber freundlich und fragten: »Wie heißt du?«

»Ich heiße Schneewittchen«, antwortete es. »Wie bist du in unser Haus gekommen?«, sprachen weiter die Zwerge. Da erzählte es ihnen, dass seine Stiefmutter es hätte wollen umbringen lassen, der Jäger hätte ihm aber das Leben geschenkt, und da wär' es gelaufen den ganzen Tag, bis es endlich ihr Häuslein gefunden hätte. Die Zwerge sprachen: »Willst du unsern Haushalt versehen, kochen, betten, waschen, nähen und stricken, und willst du alles ordentlich und reinlich halten, so kannst du bei uns bleiben, und es soll dir an nichts fehlen.«

»Ja«, sagte Schneewittchen, »von Herzen gern!« Und blieb bei ihnen. Es hielt ihnen das Haus in Ordnung. Morgens gingen sie in die Berge und suchten Erz und Gold, abends kamen sie wieder, und da musste ihr Essen bereit sein. Den ganzen Tag über war das Mädchen allein; da warnten es die guten Zwerglein und sprachen: »Hüte dich vor deiner Stiefmutter, die wird bald wissen, dass du hier bist. Lasse ja niemand herein!« Die Königin aber, nachdem sie Schneewittchens Lunge und Leber glaubte gegessen zu haben, dachte nichts anderes, als dass sie wieder die Erste und Allerschönste wäre. Sie trat vor ihren Spiegel und sprach:

»Spieglein, Spieglein an der Wand,
wer ist die Schönste im ganzen Land?«

Da antwortete der Spiegel:
»Frau Königin, Ihr seid die Schönste hier,
aber Schneewittchen über den Bergen
bei den sieben Zwergen
ist noch tausendmal schöner als Ihr.«

Da erschrak sie, denn sie wusste, dass der Spiegel keine Unwahrheit sprach, und merkte, dass der Jäger sie betrogen hatte und Schneewittchen noch am Leben war. Und da sann und sann sie aufs Neue, wie sie es umbringen wollte; denn so lange sie nicht die Schönste war im ganzen Land, ließ ihr der Neid keine Ruhe. Und als sie sich endlich etwas ausgedacht hatte, färbte sie sich das Gesicht und kleidete sich wie eine alte Krämerin und war ganz unkenntlich. In dieser Gestalt ging sie über die sieben Berge zu den sieben Zwergen, klopfte an die Türe und rief: »Schöne Ware feil! Feil!« Schneewittchen guckte zum Fenster hinaus und rief: »Guten Tag, liebe Frau! Was habt Ihr zu verkaufen?«

»Gute Ware«, antwortete sie, »Schnürriemen von allen Farben«, und holte einen hervor, der aus bunter Seide geflochten war. Die ehrliche Frau kann ich hereinlassen, dachte Schneewittchen, riegelte die Türe auf und kaufte sich den hübschen Schnürriemen. »Kind«, sprach die Alte, »wie du aussiehst! Komm, ich will dich einmal ordentlich schnüren.« Schneewittchen dachte sich nichts dabei, stellte sich vor sie und ließ sich mit dem neuen Schnürriemen schnüren. Aber die Alte schnürte geschwind und schnürte so fest, dass dem Schneewittchen der Atem verging und es für tot hinfiel. »Nun bist du die Schönste gewesen«, sprach sie und eilte hinaus. Nicht lange darauf, zur Abendzeit, kamen die sieben Zwerge nach Haus; aber wie erschraken sie, als sie ihr liebes Schneewittchen auf der Erde liegen sahen, und es regte und bewegte sich nicht, als wäre es tot. Sie hoben es in die Höhe, und weil sie sahen, dass es zu fest geschnürt war, schnitten sie den Schnürriemen entzwei. Da fing es an ein wenig zu atmen und ward nach und nach wieder lebendig. Als die Zwerge hörten, was geschehen war, sprachen sie: »Die alte Krämerfrau war niemand als die gottlose Königin. Hüte dich und lasse keinen Menschen herein, wenn wir nicht bei dir sind!« Das böse Weib aber, als es nach Haus gekommen war, ging vor den Spiegel und fragte:

»Spieglein, Spieglein an der Wand,
wer ist die Schönste im ganzen Land?«

Da antwortete er wie sonst:
»Frau Königin, Ihr seid die Schönste hier,
aber Schneewittchen über den Bergen
bei den sieben Zwergen
ist noch tausendmal schöner als Ihr.«

Als sie das hörte, lief ihr alles Blut zum Herzen, so erschrak sie, denn sie sah wohl, dass Schneewittchen wieder lebendig geworden war. »Nun aber«, sprach sie, »will ich etwas aussinnen, das dich zugrunde richten soll.« Und mit Hexenkünsten, die sie verstand, machte sie einen giftigen Kamm. Dann verkleidete sie sich und nahm die Gestalt eines anderen alten Weibes an. So ging sie hin über die sieben Berge zu den sieben Zwergen, klopfte an die Türe und rief: »Gute Ware feil! Feil!« Schneewittchen schaute heraus und sprach: »Geht nur weiter, ich darf niemand hereinlassen!«

»Das Ansehen wird dir doch erlaubt sein«, sprach die Alte, zog den giftigen Kamm heraus und hielt ihn in die Höhe. Da gefiel er dem Kinde so gut, dass es sich betören ließ und die Türe öffnete. Als sie des Kaufs einig waren, sprach die Alte: »Nun will ich dich einmal ordentlich kämmen.« Das arme Schneewittchen dachte an nichts, ließ die Alte gewähren, aber kaum hatte sie den Kamm in die Haare gesteckt, als das Gift darin wirkte und das Mädchen ohne Besinnung niederfiel. »Du Ausbund von Schönheit«, sprach das boshafte Weib, »jetzt ist's um dich geschehen«, und ging fort. Zum Glück aber war es bald Abend, wo die sieben Zwerglein nach Haus kamen. Als sie Schneewittchen wie tot auf der Erde liegen sahen, hatten sie gleich die Stiefmutter in Verdacht, suchten nach und fanden den giftigen Kamm. Und kaum hatten sie ihn herausgezogen, so kam Schneewittchen wieder zu sich und erzählte, was vorgegangen war. Da warnten sie es noch einmal, auf der Hut zu sein und niemandem die Türe zu öffnen. Die Königin stellte sich daheim vor den Spiegel und sprach:

»Spieglein, Spieglein an der Wand,
wer ist die Schönste im ganzen Land?«

Da antwortete er wie vorher:
»Frau Königin, Ihr seid die Schönste hier,
aber Schneewittchen über den Bergen
bei den sieben Zwergen
ist noch tausendmal schöner als Ihr.«

Als sie den Spiegel so reden hörte, zitterte und bebte sie vor Zorn. »Schneewittchen soll sterben«, rief sie, »und wenn es mein eigenes Leben kostet!« Darauf ging sie in eine ganz verborgene, einsame Kammer und machte da einen giftigen Apfel. Äußerlich sah er schön aus, weiß mit roten Backen, dass jeder, der ihn erblickte, Lust danach bekam, aber wer ein Stückchen davon aß, der musste sterben. Als der Apfel fertig war, färbte sie sich das Gesicht und verkleidete sich als Bauersfrau, und so ging sie zu den sieben Zwergen. Sie klopfte an. Schneewittchen streckte den Kopf zum Fenster heraus und sprach: »Ich darf keinen Menschen einlassen, die sieben Zwerge haben mir's verboten!«

»Mir auch recht«, antwortete die Bäuerin, »meine Äpfel will ich schon loswerden. Da, einen will ich dir schenken.«

»Nein«, sprach Schneewittchen, »ich darf nichts annehmen!«

»Fürchtest du dich vor Gift?«, sprach die Alte. »Siehst du, da schneide ich den Apfel in zwei Teile. Den roten Backen iss, den weißen will ich essen.« Der Apfel war aber so künstlich gemacht, dass der rote Backen allein vergiftet war. Schneewittchen betrachtete den schönen Apfel, und als es sah, dass die Bäuerin davon aß, so konnte es nicht länger widerstehen, streckte die Hand hinaus und nahm die giftige Hälfte. Kaum aber hatte es einen Bissen davon im Mund, so fiel es tot zur Erde nieder. Da betrachtete es die Königin mit grausigen Blicken und lachte überlaut und sprach: »Weiß wie Schnee, rot wie Blut, schwarz wie Ebenholz! Diesmal können dich die Zwerge nicht wieder erwecken.« Und als sie daheim den Spiegel befragte:

»Spieglein, Spieglein an der Wand,
wer ist die Schönste im ganzen Land?«

So antwortete er endlich:
»Frau Königin, Ihr seid die Schönste im Land.«

Da hatte ihr neidisches Herz Ruhe, so gut ein neidisches Herz Ruhe haben kann. Die Zwerglein, wie sie abends nach Haus kamen, fanden Schneewittchen auf der Erde liegen, und es ging kein Atem mehr aus seinem Mund, und es war tot. Sie hoben es auf, suchten, ob sie etwas Giftiges fänden, schnürten es auf, kämmten ihm die Haare, wuschen es mit Wasser und Wein, aber es half alles nichts; das liebe Kind war tot und blieb tot. Sie legten es auf eine Bahre und setzten sich alle sieben daran und beweinten es und weinten drei Tage lang. Da wollten sie es begraben, aber es sah noch so frisch aus wie ein lebender Mensch und hatte noch seine schönen, roten Backen. Sie sprachen: »Das können wir nicht in die schwarze Erde versenken«, und ließen einen durchsichtigen Sarg von Glas machen, dass man es von allen Seiten sehen konnte, legten es hinein und schrieben mit goldenen Buchstaben seinen Namen darauf und dass es eine Königstochter wäre. Dann setzten sie den Sarg hinaus auf den Berg, und einer von ihnen blieb immer dabei und bewachte ihn. Und die Tiere kamen auch und beweinten Schneewittchen, erst eine Eule, dann ein Rabe. Zuletzt ein Täubchen.

Nun lag Schneewittchen lange, lange Zeit in dem Sarg und sah aus, als wenn es schliefe, denn es war noch so weiß wie Schnee, so rot wie Blut und so schwarzhaarig wie Ebenholz. Es geschah aber, dass ein Königssohn in den Wald geriet und zu dem Zwergenhaus kam, da zu übernachten. Er sah auf dem Berg den Sarg und das schöne Schneewittchen darin und las, was mit goldenen Buchstaben darauf geschrieben war. Da sprach er zu den Zwergen: »Lasst mir den Sarg, ich will euch geben, was ihr dafür haben wollt.« Aber die Zwerge antworteten: »Wir geben ihn nicht für alles Gold in der Welt.« Da sprach er: »So schenkt mir ihn, denn ich kann nicht leben, ohne Schneewittchen zu sehen, ich will es ehren und hochachten wie mein Liebstes.« Wie er so sprach, empfanden die guten Zwerglein Mitleid mit ihm und gaben ihm den Sarg. Der Königssohn ließ ihn nun von seinen Dienern auf den Schultern forttragen. Da geschah es, dass sie über einen Strauch stolperten, und von dem Rütteln fuhr das giftige Apfelstück, das Schneewittchen abgebissen hatte, aus dem Hals. Und nicht lange, so öffnete es die Augen, hob den Deckel vom Sarg in die Höhe und richtete sich auf und war wieder lebendig. »Ach Gott, wo bin ich?«, rief es. Der Königssohn sagte voll Freude: »Du bist bei mir«, und erzählte, was sich zugetragen hatte, und sprach: »Ich habe dich lieber als alles auf der Welt; komm mit mir in meines Vaters Schloss, du sollst meine Gemahlin werden.« Da war ihm Schneewittchen gut und ging mit ihm, und ihre Hochzeit ward mit großer Pracht und Herrlichkeit angeordnet. Zu dem Fest wurde aber auch Schneewittchens gottlose Stiefmutter eingeladen. Wie sie sich nun mit schönen Kleidern angetan hatte, trat sie vor den Spiegel und sprach:

»Spieglein, Spieglein an der Wand,
wer ist die Schönste im ganzen Land?«

Der Spiegel antwortete:

»Frau Königin, Ihr seid die Schönste hier,
aber die junge Königin ist noch tausendmal schöner als ihr.«

Da stieß das böse Weib einen Fluch aus, und es wurde ihr so Angst, so Angst, dass sie sich nicht zu lassen wusste. Sie wollte zuerst gar nicht auf die Hochzeit kommen, doch ließ es ihr keine Ruhe, sie musste fort und die junge Königin sehen. Und wie sie hineintrat, erkannte sie Schneewittchen, und vor Angst und Schrecken stand sie da und konnte sich nicht regen.

Bastelanleitung: Vogelfutterplätzchen

Du brauchst:

- Kokosfett
- loses Vogelfutter
- saubere Unterlage
- Ausstechförmchen
- Alufolie
- Zahnstocher

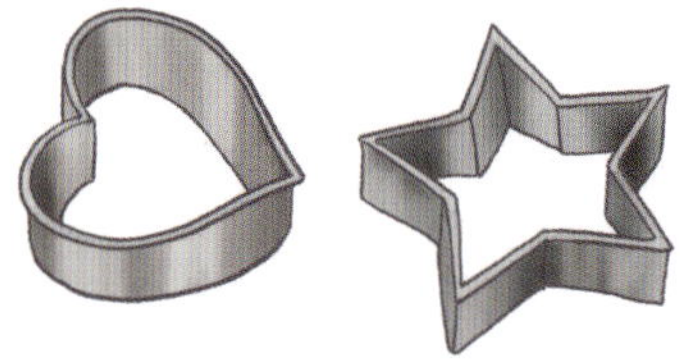

So geht es:

1. Lass dir von einem Erwachsenen helfen!
2. Umwickle die untere Seite deiner Ausstechförmchen mit der Alufolie. So bekommen die Förmchen einen Boden und das flüssige Kokosfett kann nicht hinauslaufen.
3. Schmilz das Kokosfett in einem Topf oder in der Mikrowelle und lasse es dann kurz abkühlen, sodass es wieder leicht fest wird.
4. Gib nun das lose Vogelfutter in das Kokosfett und vermische alles gut. Nimm nicht zu viel Futter, damit die Plätzchen später nicht bröselig werden.
5. Fülle deine Mischung in die Ausstechförmchen und drücke sie leicht an.
6. Stecke einen Zahnstocher in die Nähe des oberen Randes. An dieser Stelle kannst du später einen Faden hindurchfädeln, um das Futterplätzchen aufzuhängen.
7. Lass die Futterplätzchen über Nacht ruhen und auskühlen.
8. Entferne die Zahnstocher und drücke die Plätzchen aus den Förmchen.
9. Ziehe eine Schnur durch das Zahnstocher-Loch und hänge die Vogelfutterplätzchen draußen auf.

Schon haben deine gefiederten Freunde etwas Leckeres zum Knabbern!

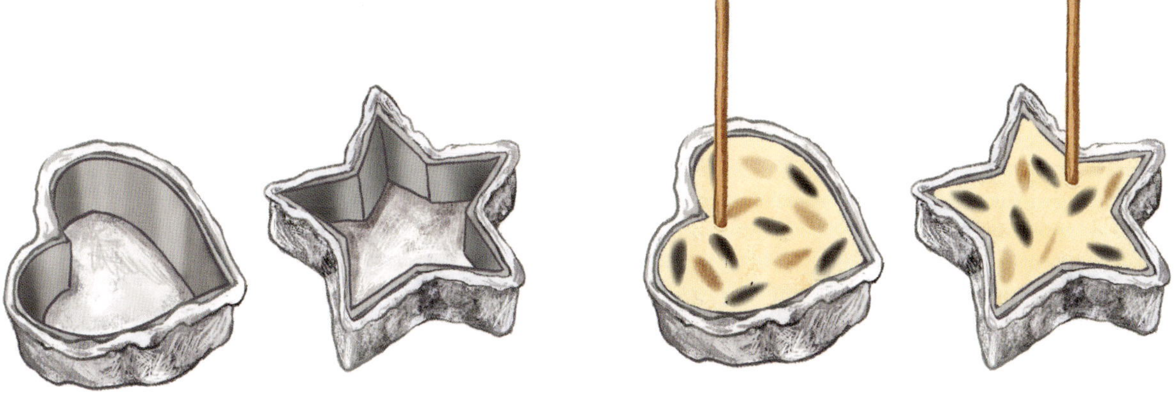

Winterkinder

Rolf Zuckowski

Winterkinder

Winterkinder können stundenlang am Fenster stehn
und voll Ungeduld hinauf zum Himmel sehn.
Winterkinder in den Bergen oder an der See,
alle warten auf den ersten Schnee.

Sie wollen nicht immer nur durch grauen Nebel schaun,
sie wollen lieber einen großen Schneemann baun.

Winterkinder können stundenlang am Fenster stehn
und voll Ungeduld hinauf zum Himmel sehn.
Winterkinder in den Bergen oder an der See,
alle warten auf den ersten Schnee.

Sie träumen vom Schlittschuhlaufen und der Rodelbahn
und davon, endlich wieder Schuss ins Tal zu fahrn.

Winterkinder können stundenlang am Fenster stehn
und voll Ungeduld hinauf zum Himmel sehn.
Winterkinder in den Bergen oder an der See,
alle warten auf den ersten Schnee,
alle warten auf den ersten Schnee,
alle warten auf den ersten Schnee.

Mira Lobe

Der Schneemann

Kommt und schaut!
Wir haben einen Schneemann gebaut!
Seine Augen sind Kohlen,
die mussten wir aus dem Keller holen.
Er trägt einen Topf
als Hut auf dem Kopf
und einen langen Stecken!
Wen will er damit erschrecken?
Vielleicht kommt heute Nacht ein Hase
mit Appetit auf die Rübennase.
Der braucht den Stecken
nur zu entdecken –
gleich schlägt er
einen Purzelbaum
und läuft vor Schreck
schnell weg!

Rezept: Zimtschnecken

Du brauchst:

- Auflaufform (ca. 25 x 35 cm)
- Nudelholz

Für den Hefeteig:
- 500 g Mehl
- 1 Päckchen Trockenhefe oder ein ½ Würfel frische Hefe
- 100 g Zucker
- ½ TL Salz
- 50 g Margarine
- 250 g Pflanzenmilch

Für die Zimtfüllung:
- 60 g Margarine
- 60 g Zucker
- 2 TL Zimt

Für den Zuckerguss:
- 100 g Puderzucker
- 1 EL Pflanzenmilch

So geht es:

1. Lass dir von einem Erwachsenen helfen!
2. Bereite zuerst den Hefeteig vor: Vermische 500 g Mehl, 1 Päckchen Trockenhefe, 100 g Zucker und ½ TL Salz.
3. Gib dann 250 g Pflanzenmilch und 50 g weiche Margarine (auf Zimmertemperatur) hinzu.
4. Falls du frische Hefe verwendest, jetzt den halben Würfel hinzufügen.

5. Knete den Teig 10 Minuten gut durch, bis der Teig glatt ist und nicht mehr klebt.
6. Bedecke die Teigschüssel mit einem feuchten Tuch und lass ihn eine Stunde an einem warmen Ort gehen.
7. Jetzt kannst du die Füllung vorbereiten: Lass 60 g Margarine in einem kleinen Topf oder der Mikrowelle schmelzen, sodass sie gerade so flüssig ist.
8. Füge 60 g Zucker und 2 TL Zimt hinzu und rühre gut um.
9. Lass die Masse danach abkühlen, damit sie fester wird.
10. Fette die Auflaufform ein und bestäube die Arbeitsfläche und das Nudelholz mit etwas Mehl.
11. Rolle anschließend den Hefeteig rechteckig aus.
12. Verteile die Füllung gleichmäßig auf dem Teig und verstreiche sie.
13. Rolle den Teig dann von der langen Seite her auf.
14. Schneide die entstandene Rolle mit einem scharfen Messer in 12 Scheiben (ungefähr 3,5 cm dick) und lege diese Scheiben in die eingefettete Auflaufform.
15. Bedecke die Auflaufform mit einem feuchten Tuch und lasse deine Teigrollen ca. 30 Minuten gehen.
16. Heize den Backofen auf 180 Grad (Ober-/Unterhitze) vor. Bepinsele oder besprühe die Zimtschnecken in der Form mit etwas Wasser. Schiebe sie dann sofort auf der mittleren Schiene in den Ofen.
17. Backe die Zimtschnecken 25 Minuten bei 180 Grad bis sie goldbraun sind. Nimm die Zimtschnecken aus dem Ofen und lass sie etwas abkühlen.
18. Für den Zuckerguss siebe 100 g Puderzucker und verrühre ihn mit einem EL Pflanzenmilch, es darf nicht zu dünnflüssig werden. Verteile den Zuckerguss über die Zimtschnecken.

Am besten noch warm servieren!

Brüder Grimm

Der goldene Schlüssel

Zur Winterszeit, als einmal ein tiefer Schnee lag, musste ein armer Junge hinausgehen und Holz auf einem Schlitten holen. Wie er es nun zusammengesucht und aufgeladen hatte, wollte er, weil er so erfroren war, noch nicht nach Haus gehen, sondern erst Feuer anmachen und sich ein bisschen wärmen. Da scharrte er den Schnee weg, und wie er so den Erdboden aufräumte, fand er einen kleinen goldenen Schlüssel. Nun glaubte er, wo der Schlüssel wäre, müsste auch das Schloss dazu sein, grub in der Erde und fand ein eisernes Kästchen. »Wenn der Schlüssel nur passt!«, dachte er. »Es sind gewiss kostbare Sachen in dem Kästchen.« Er suchte, aber es war kein Schlüsselloch da, endlich entdeckte er eins, aber so klein, dass man es kaum sehen konnte. Er probierte, und der Schlüssel passte glücklich. Da drehte er einmal herum, und nun müssen wir warten, bis er vollends aufgeschlossen und den Deckel aufgemacht hat, dann werden wir erfahren, was für wunderbare Sachen in dem Kästchen lagen.

Josef Guggenmos

Der Schneemann auf dem Eis

Als ich einmal einen Schneemann baute,
einen dicken,
welcher lustig schaute,

und als ich am andern Tage dann
auf dem Weiher Schlittschuh lief
– wer kam an?

Mein Schneemann stapfte her und rief: »Hallo!«
Bat sich Schlittschuh' aus
und sagte: »So!«

Alles sah ihm zu, gespannt: Was macht er?
Auf dem Eise
fuhr er Achter, Achter.

Und dann fuhr er auf dem Weiher, Weiher
mit kühnen Sprüngen
Dreier, Dreier, Dreier.
»Der kann's besser noch als unsereiner«,
meinte mancher. Und ich sagte:
»Das ist meiner!«

Peter Christen Asbjørnsen

Östlich von der Sonne und westlich vom Mond

Es war einmal ein armer Kathenmann, der hatte viele Kinder; er war aber so arm, dass er ihnen weder ordentlich zu essen, noch Kleider auf den Leib geben konnte. Dennoch waren die Kinder alle sehr schön, aber am schönsten von allen war doch die jüngste Tochter.

Nun war es einmal an einem Donnerstagabend im Spätherbst ein ganz abscheuliches Wetter draußen. Es war stockfinster, und dabei regnete und stürmte es, dass die Fenster krachten. Die ganze Familie saß um den Kamin herum, und jeder war mit seiner Arbeit beschäftigt. Plötzlich klopfte es dreimal laut ans Fenster. Der Mann ging hinaus und wollte nachsehen, was es war, und als er hinauskam, stand da ein großer, weißer Bär.

»Guten Abend!«, sagte der Bär.

»Guten Abend!«, sagte der Mann.

»Willst du mir deine jüngste Tochter zur Frau geben?«, sagte der Bär. »Dann will ich dich so reich machen, wie du jetzt arm bist.« Dem Mann schien das nicht übel, aber er meinte, er müsste doch erst mit seiner Tochter ein Wort sprechen, ging hinein und erzählte, wie draußen ein großer, weißer Bär stände, der hätte ihm versprochen, ihn ebenso reich zu machen, wie er jetzt arm wäre, wenn er ihm seine jüngste Tochter zur Frau geben wolle. Das Mädchen sagte aber Nein und wollte nichts von dem Handel wissen. Da ging der Mann wieder hinaus, sprach gütlich mit dem Bären und sagte, er solle nur am nächsten Donnerstagabend wiederkommen. In der Zwischenzeit wolle er schon sehen, was bei der Sache zu tun wäre. Sie überredeten nun das Mädchen und schwatzten ihr Allerlei vor von dem großen Reichtum, zu dem sie gelangen würden, und wie gut sie es selbst bekäme. Da gab sie denn endlich nach, wusch ihre paar Lappen, die sie hatte, rein, putzte sich heraus, so gut sie konnte, und hielt sich reisefertig.

Als am nächsten Donnerstagabend der Bär wiederkam, ja, da war's richtig; das Mädchen setzte sich mit ihrem Bündel auf seinen Rücken, und fort ging's. Als sie ein gutes Ende hinausgekommen waren, fragte der Bär sie: »Fürchtest du dich?« Nein, das tat sie ganz und gar nicht. »Halt dich nur immer gut an meinen Zotteln fest«, sagte der Bär. »Dann hat's keine Not.«

Nun ritt sie auf dem Rücken des Bären weit, weit in die Welt hinaus – kein Mensch kann sagen, wie weit es eigentlich war – und zuletzt kamen sie zu einem großen Felsen. Da klopfte der Bär an, und nun öffnete sich eine Pforte, durch welche sie in ein großes Schloss gelangten. Drinnen waren viele von Lampen erleuchtete Zimmer, und alles strahlte von Gold und von Silber. Auch war da ein großer Saal, und in dem Saal stand ein Tisch, der war mit den herrlichsten Gerichten gedeckt. Nun gab der Bär ihr eine silberne Glocke und sagte, wenn sie sich irgendetwas im Schloss wünsche, dann solle sie nur damit klingeln, alsdann würde sie es sogleich bekommen. Wie sie nun gegessen und getrunken hatte und gegen Abend müde wurde und sich zu Bett legen wollte, klingelte sie nur mit der Glocke – und sogleich öffnete sich eine Kammer, worin ein aufgemachtes Bett stand, so schön, wie man's sich nur wünschen konnte, mit seidenen Kissen und Vorhängen mit Goldfransen, und alles, was sich in der Kammer befand, war ebenfalls von Gold und von Silber. Wie sie aber nun das Licht ausgelöscht und sich ins Bett gelegt hatte, kam ein Mensch an und legte sich zu ihr, und so geschah es jede Nacht, aber sie bekam ihn nie zu sehen, denn er kam immer erst, wenn sie schon das Licht ausgelöscht hatte und ging wieder fort, eh' es Tag wurde. So lebte sie nun eine Zeitlang ruhig und zufrieden, aber schließlich bekam sie eine so große Sehnsucht, ihre Eltern und Geschwister wiederzusehen, dass sie ganz still und traurig wurde. Da fragte der Bär sie eines Tages, was ihr fehle, dass sie immer so still und nachdenklich wäre.

»Ach«, sagte sie, »es wird mir hier so öde im Schloss, denn ich möchte so gern meine Eltern und meine Geschwister einmal wiedersehen.«

»Dazu kann Rat werden«, sagte der Bär, »aber du musst mir versprechen, dass du nie mit deiner Mutter allein reden wirst, sondern nur, wenn die anderen zugegen sind, denn sie wird dich wohl bei der Hand nehmen und dich in eine Kammer führen wollen, um mit dir allein zu sprechen. Lässt du dich aber darauf ein, so machst du mich und dich unglücklich.« Nein, sagte das Mädchen, sie wolle sich schon in Acht nehmen.

Am Sonntag kam der Bär und sagte, jetzt könne sie die Reise zu ihren Eltern antreten. Sie setzte sich nun auf seinen Rücken, und damit ging es fort. Wie sie nun eine lange Zeit gereist waren, kamen sie zu einem großen weißen Schloss, da gingen ihre Geschwister aus und ein, und spielten, und alles war da so schön und prächtig, dass es eine Lust war, es anzusehen. »Da wohnen deine Eltern!«, sagte

der Bär. »Vergiss nun nicht, was ich dir gesagt habe; denn sonst machst du dich und mich unglücklich.« Nein, sie wollte es nicht vergessen, sagte das Mädchen und ging ins Schloss. Der Bär aber kehrte wieder um.

Wie nun die Eltern ihre Tochter wiedersahen, freuten sie sich so sehr, dass es gar nicht zu sagen ist, und konnten ihr nicht genug danken für das, was sie für sie getan hatte. Sie erzählten ihr, wie sie es nun so außerordentlich gut hätten, und fragten sie, wie es denn ihr ginge. Oh, ihr ginge es auch recht gut, sagte das Mädchen, sie hätte alles, was sie sich nur wünschte. Was sie noch weiter sagte, weiß ich nicht recht, aber ich glaube, sie gab ihnen doch keinen ordentlichen Bescheid. Am Nachmittag, als sie gegessen hatten, geschah es, wie der Bär ihr gesagt hatte: Die Mutter wollte mit der Tochter allein in der Kammer sprechen, aber das Mädchen dachte an die Worte des Bären, und wollte nicht mit ihr gehen, sondern sagte: »Oh, das, was wir zu sprechen haben, können wir immer hier sprechen.« Nun weiß ich aber nicht, wie es recht kam, die Mutter überredete sie doch zuletzt, und da musste sie ihr denn alles erzählen, was sie wusste. Sie erzählte ihr nun auch, wie des Abends, wenn sie das Licht ausgemacht hätte, immer ein Mensch käme und sich zu ihr ins Bett legte, aber sie bekäme ihn nie zu sehen, denn eh' es Tag würde, wäre er immer wieder fort, sagte sie, und darüber wäre sie so betrübt, denn sie wollte ihn doch so gern sehen, und der Tag würde ihr so lang, weil sie immer so allein wäre. »Wer weiß! Das ist gewiss ein Troll, der bei dir schläft«, sagte die Mutter. »Wenn du aber meinem Rat folgen willst, so steh mal des Nachts auf, wenn er eingeschlafen ist, und zünde ein Licht an und sieh zu, was es für einer ist; aber nimm dich in Acht, dass du keinen Talg auf ihn tröpfelst.«

Am Abend kam der Bär wieder und holte das Mädchen ab. Wie sie nun ein Ende hinausgekommen waren, fragte er sie, ob es nicht so gekommen sei, wie er gesagt hätte.

»Ja«, das konnte das Mädchen nicht leugnen.

»Hast du nun auf den Rat deiner Mutter gehorcht«, sagte der Bär, »dann machst du dich und mich unglücklich, und mit uns beiden ist dann die Freundschaft aus.« Nein, das hätte sie nicht getan, sagte sie.

Als sie nun nach Hause gekommen waren und das Mädchen sich ins Bett gelegt hatte, geschah es wieder, wie sonst: Es kam ein Mensch und legte sich zu ihr. In der Nacht aber, als sie hörte, dass er schlief, stand sie auf und zündete ein Licht an, und da sah sie nun im Bett den schönsten Prinzen liegen, den man nur sehen konnte, und sie ward so verliebt in ihn, dass sie ihn den Augenblick küssen musste. Da versah sie's aber und ließ drei heiße Talgtropfen auf sein Hemd fallen, sodass er davon erwachte.

»Was hast du getan?«, rief er, als er die Augen aufschlug. »Nun hast du mich und dich unglücklich gemacht. Hättest du bloß das Jahr ausgehalten, so wäre ich erlöst gewesen, denn ich habe eine Stiefmutter, die hat mich verzaubert, sodass ich des Tages ein Bär und des Nachts ein Mensch bin. Aber mit uns beiden ist es nun aus, denn ich muss dich jetzt verlassen und wieder zu ihr reisen; sie wohnt auf einem Schloss, das liegt östlich von der Sonne und westlich vom Mond, und da soll ich eine Prinzessin heiraten, die hat eine Nase, die ist drei Ellen lang.«

Das Mädchen fing an zu weinen und zu jammern, aber es war jetzt zu spät, er musste fort.

»Kannst du mir denn nicht den Weg sagen, damit ich dich aufsuche?«, fragte sie. »Denn das ist mir doch wohl erlaubt?«

»Ja, das magst du gern«, sagte er, »aber es führt kein Weg dahin, denn das Schloss liegt östlich von der Sonne und westlich vom Mond und dahin kommst du nie.«

Am Morgen, als sie erwachte, waren sowohl der Prinz als das Schloss verschwunden und sie lag nun auf der bloßen Erde mitten in einem dicken, finsteren Wald und hatte wieder ihre alten Lappen an, und neben ihr lag dasselbe Bündel, das sie von zu Hause mitgenommen hatte. Als sie sich den Schlaf aus den Augen gerieben und sich sattgeweint hatte, begab sie sich auf den Weg und wanderte viele, viele Tage lang, bis sie endlich zu einem großen Berg kam. Vor dem Berge saß eine alte Frau und spielte mit einem goldenen Apfel. Das Mädchen fragte sie, ob sie nicht den Weg wüsste zu dem Prinzen, der bei seiner Stiefmutter auf einem Schloss wohne, das östlich von der Sonne und westlich vom Mond läge, und der eine Prinzessin heiraten sollte mit einer Nase, die drei Ellen lang wäre. »Woher kennst du ihn?«, fragte die Frau. »Bist du vielleicht das Mädchen, das er heiraten wollte?« Ja, sagte das Mädchen, das wäre sie.

»So! Also du bist es!«, sagte die Frau. »Ja, mein Kind«, fuhr sie fort. »Ich würde dir gern helfen, aber ich weiß auch weiter nichts von dem Schloss, als dass es östlich von der Sonne und westlich vom Mond liegt, und dahin kommst du wohl nie. Ich will dir aber mein Pferd leihen, darauf kannst du zu meiner nächsten Nachbarin reiten, vielleicht, dass sie den Weg dir sagen kann. Wenn du aber bei ihr ankommst, so schlage nur das Pferd unter das linke Ohr und heiß es wieder nach Hause gehen, und dann nimm diesen goldenen Apfel, denn du kannst ihn vielleicht gebrauchen.«

Das Mädchen setzte sich nun auf das Pferd und ritt eine lange, lange Zeit. Endlich kam sie wieder zu einem Berg, vor dem saß eine alte Frau mit einem goldenen Haspel. Das Mädchen fragte sie, ob sie ihr nicht den Weg sagen könne zu dem Schloss, das östlich von der Sonne und westlich vom Mond läge. Die sagte aber ebenso wie die vorige Frau, sie wüsste weiter nichts von dem Schloss, als dass es östlich von der Sonne und westlich vom Mond läge. »Und dahin wirst du wohl niemals kommen«, sagte sie. »Aber ich will dir mein Pferd leihen, darauf kannst du zu meiner nächsten Nachbarin reiten, vielleicht, dass sie den Weg dir sagen kann. Wenn du aber bei ihr ankommst, so schlage nur das Pferd unter das linke Ohr und heiß es wieder nach Hause gehen, und dann nimm diesen goldenen Haspel mit, denn du kannst ihn vielleicht gebrauchen.«

Das Mädchen setzte sich nun auf das Pferd und ritt viele Tage und Wochen lang. Endlich kam sie wieder zu einem Berg, und vor dem saß eine alte Frau und spann an einem goldenen Rocken. Das Mädchen fragte nun wieder nach dem Prinzen und nach dem Schloss, das östlich von der Sonne und westlich vom Mond läge. »Bist du es, die der Prinz heiraten wollte?«, fragte die Frau. »Ja«, sagte das Mädchen, aber die Frau wusste den Weg nicht besser, als die beiden vorigen. »Östlich von der Sonne und westlich vom Mond liegt das Schloss«, sagte sie, »und dahin kommst du wohl niemals. Ich will dir aber mein Pferd leihen, darauf kannst du zum Ostwind reiten, vielleicht, dass der den Weg dir sagen kann. Wenn du aber bei ihm ankommst, so schlage nur das Pferd unter das linke Ohr und heiß es wieder nach Hause gehen, und dann nimm diesen goldenen Rocken mit, denn du kannst ihn vielleicht gebrauchen.«

Sie ritt nun manche liebe Zeit, und endlich kam sie bei dem Ostwind an. Sie fragte ihn nun wieder, ob er ihr nicht sagen könne, wie sie zu dem Prinzen käme, der auf dem Schloss wohne, das östlich von der Sonne und westlich vom Mond läge. »Ja, von dem Prinzen hab' ich wohl reden hören und von dem Schloss auch«, sagte der Ostwind, »aber den Weg kann ich dir nicht sagen, denn ich habe nie so weit geweht. Ich will dich aber zu meinem Bruder, dem Westwind, führen, vielleicht, dass der es weiß, denn der ist viel stärker als ich. Du kannst dich nur auf meinen Rücken setzen, dann will ich dich hintragen.« Das Mädchen setzte sich nun auf seinen Rücken und fort ging es. Als sie beim Westwind ankamen, erzählte ihm der Ostwind, er habe ein Mädchen mitgebracht, das den Prinzen heiraten solle, der auf dem Schloss wohne, das östlich von der Sonne und westlich vom Mond läge, und fragte ihn, ob er nicht den Weg dahin wüsste. »Nein«, versetzte der Westwind, »so weit habe ich nie geweht. Wenn du es aber willst«, sagte er zu dem Mädchen, »so kannst du dich auf meinen Rücken setzen, dann will ich dich zum Südwind bringen. Vielleicht kann der es dir sagen, denn der ist weit stärker als ich, und weht und streift überall umher.« Das Mädchen setzte sich auf seinen Rücken und da dauerte es denn nicht lange, so waren sie beim Südwind. Als sie ankamen, fragte ihn der Westwind, ob er nicht den Weg nach dem Schloss wüsste, das östlich von der Sonne und westlich vom Mond läge, denn das Mädchen, das er mitgebracht hätte, solle den Prinzen heiraten, sagte er. »So?«, sagte der Südwind, aber den Weg wusste er auch nicht. »Ich habe mein Lebtag viel herumgeweht«, sagte er, »aber so weit bin ich nie gekommen. Wenn du es aber wünscht«, sagte er zu dem Mädchen, »so will ich dich zu meinem Bruder, dem Nordwind, führen, der ist der älteste und stärkste von uns allen, und wenn der den Weg dir nicht sagen kann, so erfährst du ihn niemals.« Das Mädchen musste sich nun auf seinen Rücken setzen und fort ging es, dass die Heide wackelte.

Es dauerte nicht lange, so kamen sie beim Nordwind an, aber der war so wild und ungestüm, dass er ihnen schon von weitem lauter Schnee und Eis ins Gesicht blies. »Was wollt ihr?«, rief er, sodass es ihnen kalt über die Haut lief. »Oh, du musst nicht so gegen uns auffahren«, sagte der Südwind. »Ich bin es, dein Bruder, und das hier ist das Mädchen, das den Prinzen heiraten soll, der auf dem Schloss wohnt, das östlich von der Sonne und westlich vom Mond liegt. Sie nun wollte dich gern fragen, ob du nicht da herum Bescheid wüsstest.«

»Ja, ich weiß wohl, wo es liegt«, sagte der Nordwind. »Ich habe mal ein Espenblatt dahin geweht, aber da war ich so müde, dass ich nicht wieder wehen konnte manchen lieben Tag. Wenn du aber durchaus dahin willst«, sagte er zu dem Mädchen, »und dich nicht fürchtest, so will ich dich auf meinen Rücken nehmen und zusehen, ob ich dich hinwehen kann.«

Ja, sagte das Mädchen, hin wolle und müsse sie, wenn's nur auf irgendeine Weise möglich wäre, und bange wäre sie ganz und gar nicht, ob's auch noch so schlimm gehen sollte.

»So musst du die Nacht hierbleiben«, sagte der Nordwind, »denn wir müssen den Tag vor uns haben, wenn wir hinwollen.«

Früh am nächsten Morgen weckte sie der Nordwind, blies sich auf und machte sich so groß und stark, dass es ganz entsetzlich war, und fort ging's durch die Luft, als ob's bis ans Ende der Welt gehen sollte. Da entstand ein so gewaltiger Sturm, dass ganze Dörfer und Wälder umwehten, und als sie über's große Meer kamen, versanken die Schiffe zu Hunderten. Immer ging's fort über's Wasser, und das so weit, so weit, dass kein Mensch es glauben sollte. Aber der Nordwind wurde schwächer und immer schwächer, und so schwach wurde er, dass er beinah nicht mehr wehen konnte, und er sank tiefer und immer tiefer hinunter, und zuletzt ging es so niedrig, dass die Wellen ihm an die Fersen schlugen.

»Fürchtest du dich?«, fragte er das Mädchen.

»Nein, ganz und gar nicht«, sagte sie. Nun waren sie nicht mehr weit vom Lande, und der Nordwind hatte nur noch so viel Kräfte übrig, dass er sie an den Strand unter die Fenster des Schlosses wehen konnte, das östlich von der Sonne und westlich vom Mond lag. Da war er aber auch so matt und geschwächt, dass er sich viele Tage lang ausruhen musste, ehe er wieder nach Hause konnte.

Den anderen Morgen setzte das Mädchen sich unter die Fenster des Schlosses und spielte mit dem goldenen Apfel. Die erste, welche sie sah, war die Nasenprinzessin, die der Prinz heiraten sollte. »Was willst du für deinen goldenen Apfel haben?«, fragte sie das Mädchen, indem sie das Fenster aufmachte. »Der ist nicht zu verkaufen, weder für Gold, noch für Geld«, sagte das Mädchen. »Wenn du ihn nicht verkaufen willst, weder für Gold, noch für Geld, was willst du denn dafür haben?«, sagte die Prinzessin. »Ich will dir geben, was du verlangst.«

»Ja, wenn ich eine Nacht bei dem Prinzen schlafen darf, so sollst du ihn haben«, sagte das Mädchen. »Ja, das magst du gern«, sagte die Prinzessin und nahm den goldenen Apfel. Als aber das Mädchen in die Kammer des Prinzen kam, war dieser fest eingeschlafen. Sie rief ihn und rüttelte ihn und weinte und jammerte, aber sie konnte ihn nicht wecken. Am Morgen, als es hell wurde, kam die Prinzessin mit der langen Nase und jagte sie wieder hinaus.

Den Tag setzte das Mädchen sich wieder unter die Fenster des Schlosses und schlang das Garn auf ihren goldenen Haspel, und nun geschah es wieder ebenso, wie gestern. Die Prinzessin fragte sie, was sie für den Haspel haben wolle, aber das Mädchen sagte, er wäre nicht zu verkaufen, weder für Gold, noch für Geld. Wenn sie aber noch eine Nacht bei dem Prinzen schlafen dürfe, so solle die Prinzessin ihn haben. Die sagte sogleich Ja und nahm den goldenen Haspel. Als aber das Mädchen hinaufkam, war der Prinz wieder fest eingeschlafen und wie viel sie ihn auch rief und rüttelte, und weinte und jammerte, so konnte sie ihn doch nicht wecken, und am Morgen, als es hell wurde, kam die Prinzessin mit der langen Nase und jagte sie wieder hinaus.

An diesem Tag setzte sich das Mädchen mit ihrem goldenen Rocken unter die Fenster hin und spann. Als die Prinzessin mit der langen Nase den Rocken sah, wollte sie den auch gern haben; sie machte das Fenster auf und fragte das Mädchen, was sie haben wolle für ihren goldenen Rocken. Das Mädchen sagte aber wieder wie die beiden vorigen Male, für Gold und Geld sei er nicht zu bekommen, wenn die Prinzessin sie aber noch eine Nacht bei dem Prinzen wolle schlafen lassen, dann solle sie ihn haben. Ja, das dürfe sie gern, sagte die Prinzessin und nahm den goldenen Rocken. Nun hatten aber einige Leute, die neben der Kammer des Prinzen schliefen, seit zwei Nächten ein so klägliches Rufen und Wimmern von einem Frauenzimmer drinnen gehört, und das erzählten sie am Morgen dem Prinzen. Als nun am Abend die Prinzessin mit der Suppe kam, die der Prinz immer zu trinken pflegte, ehe er zu Bett ging, tat er, als ob er sie tränke, aber goss die Suppe hinter sich, denn er ahnte nun wohl, dass die Prinzessin einen Schlaftrunk hineingetan hatte. Wie nun am Abend das Mädchen in die Kammer kam, war der Prinz noch wach und freute sich über alle Maßen, das Mädchen wiederzusehen. Sie musste ihm nun erzählen, wie es ihr ergangen war, und wie sie zu dem Schloss gekommen sei. Als sie ihm alles erzählt hatte, sagte er: »Du kommst grade zu rechter Zeit, denn morgen soll meine Hochzeit mit der Prinzessin sein, aber ich frage nicht nach ihr und ihrer langen Nase, sondern du bist die Einzige, die ich haben will. Ich werde darum sagen, ich möchte gern sehen, wozu meine Braut taugt, und von der Prinzessin verlangen, dass sie die drei Talgflecke aus meinem Hemd wasche. Darauf wird sie sich denn wohl einlassen, aber ich weiß, dass sie es nicht zustande bringt. Ich werde aber sagen, ich wolle keine andre Braut haben, als die, welche es zustande brächte, und wenn sie es dann alle versucht haben und nicht damit fertig werden können, dann werde ich dich rufen, dass du es auch versuchst.« Hierauf brachten sie die Nacht munter und vergnügt miteinander zu. Als aber am Tag die Hochzeit stattfinden sollte, sagte der Prinz: »Ich möchte doch erst sehen, wozu meine Braut taugt.« Das wäre nicht mehr als billig, meinte die Stiefmutter.

»Ich habe ein so schönes Hemd«, sagte der Prinz, »und das möchte ich gern zum Bräutigamshemd haben, aber nun sind mir drei Talgflecke hineingekommen, und die wollt' ich gern wieder ausgewaschen haben. Darum habe ich mir vorgenommen, keine andre zu heiraten, als die, welche dazu taugt.« Nun gut, das wäre ja nicht so gefährlich, meinten die Frauen und gingen darauf ein. Und die Prinzessin mit der langen Nase fing an zu waschen, was sie nur konnte, aber je länger sie wusch, desto größer und schwärzer wurden die Flecke.

»Ach, du verstehst dich nicht darauf«, sagte ihre Mutter, »gib mir mal her!« Als aber die nun das Hemd bekam, wurde es noch schwärzer, und je mehr sie es wusch und rieb, desto größer wurden die Flecken. Nun sollten die anderen Trollweiber das Hemd waschen, aber je länger sie es wuschen, desto abscheulicher sah es aus, und zuletzt sah das ganze Hemd aus, als hätte es im Schornstein gehangen.

»Ach, ihr taugt alle nicht dazu!«, sagte der Prinz: »Da sitzt eine arme Bettlerdirne unter den Fenstern, ich bin gewiss, die versteht sich besser aufs Waschen, als ihr alle zusammen. Komm mal herein, du Dirne!«, rief er, und als das Mädchen kam, fragte er sie: »Kannst du wohl das Hemd da reinwaschen?«

»Ich weiß nicht«, sagte das Mädchen, »aber ich denke wohl.« Das Mädchen nahm nun das Hemd und fing an zu waschen und da wurde es unter ihren Händen so weiß wie frisch gefallener Schnee, und noch weißer. »Ja, dich will ich haben!«, sagte der Prinz. Da ward das alte Trollweib so böse, dass es barst, und die Prinzessin mit der langen Nase und das andere Trollpack, glaub' ich, ist auch geborsten, denn ich habe nachher nie wieder etwas von ihnen gehört. Der Prinz und seine Braut ließen nun alle frei, die im Schloss gefangen waren, darauf nahmen sie so viel Gold und Silber, wie sie nur fortschaffen konnten, und zogen weit weg von dem Schloss, das östlich von der Sonne und westlich vom Mond lag. Wie sie aber fortgekommen sind, und wo sie hinzogen, das weiß ich nicht; sind es aber die, welche ich meine, so sind sie nicht so weit weg von hier.

Bastelanleitung: Bommel für eine Bommelmütze

Du brauchst:

- Wollreste
- ein Stück Pappe
- Schere
- Zirkel

So geht es:

1. Lass dir von einem Erwachsenen helfen!
2. Zuerst musst du zwei Pappringe basteln: Zeichne mit dem Zirkel auf die Pappe einen Kreis in der Größe des gewünschten Bommels. Zeichne in diesen Kreis noch einen weiteren, kleineren Kreis.
3. Schneide die Form so aus, dass ein Ring entsteht. Benutze diesen Ring als Schablone für einen weiteren Pappring, sodass du zwei gleiche Pappringe hast.
4. Schneide nun aus beiden Ringen ein kleines Stück heraus. Durch diese Öffnung lässt sich der Bommel leichter wickeln.
5. Lege die beiden Pappringe aufeinander und umwickle sie nach und nach gleichmäßig mit Wolle. Je kleiner die Öffnung in der Mitte der Ringe am Ende ist, desto flauschiger wird der Bommel.

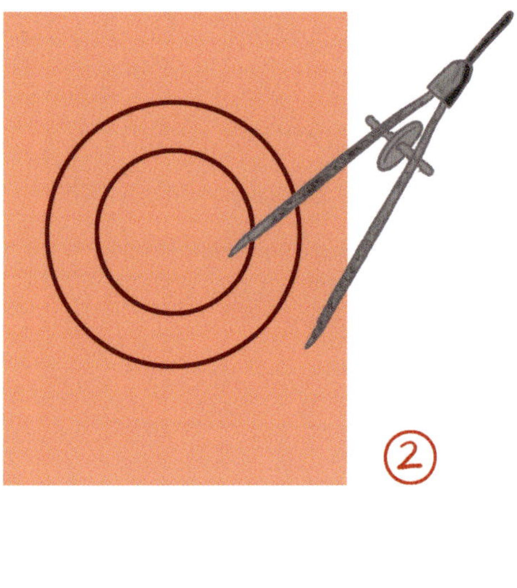

②

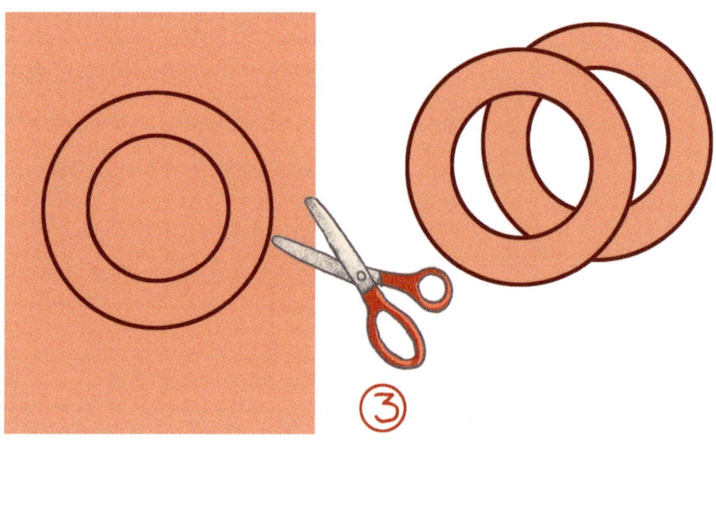

③

④

⑤

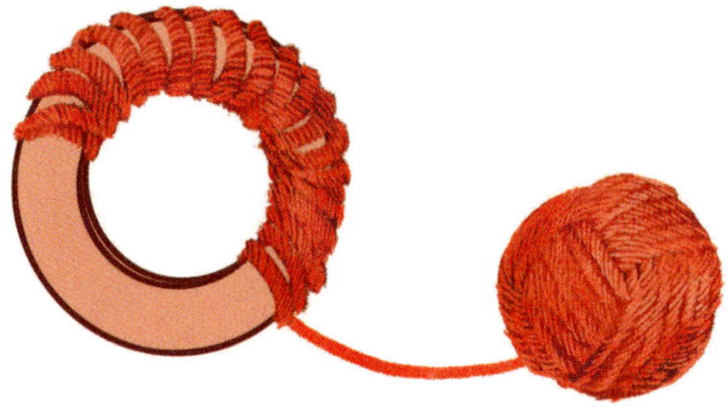

⑥

⑦

⑧

6. Hast du die Ringe fertig umwickelt, schneide die Wolle an der Längsseite zwischen den Pappringen auf.
7. Ziehe einen Wollfaden zwischen den beiden Pappringen hindurch und verknote ihn, um deinen Bommel zu fixieren. Achte dabei darauf, dass der Faden fest genug ist, nur so hat der Bommel am Ende die nötige Stabilität. Lass genug Faden stehen, wenn du den Bommel weiterverarbeiten und zum Beispiel an eine Mütze nähen möchtest.
8. Entferne zum Schluss die Pappringe. Schneide eventuell überstehende Fäden einfach mit einer kleinen Schere ab.

Den Bommel kannst du nun an eine warme Mütze nähen lassen oder du hängst ihn als Deko in dein Zimmer.

Quellen

Wir danken den Autor*innen, deren Rechtsnachfolger*innen und Verlagen für die freundliche Genehmigung, folgende Texte abzudrucken:

Guggenmos, Josef. »Der Schneemann auf dem Eis.« © Josef Guggenmos Erben.

Guggenmos, Josef. »Schnee im Dorf.« aus: Josef Guggenmos. *Oh, Verzeihung, sagte die Ameise.* © 1990, 2018 Beltz & Gelberg in der Verlagsgruppe Beltz · Weinheim Basel

Guggenmos, Josef. »Spuren von winzigen Zehen.« aus: Josef Guggenmos. *Was denkt die Maus am Donnerstag?* © 1967, 1998 Beltz & Gelberg in der Verlagsgruppe Beltz · Weinheim Basel

Hohler, Franz. »Die dumme Lawine.« Aus: Franz Hohler, Nikolaus Heidelbach. *Das große Buch.* Carl Hanser Verlag GmbH & Co. KG, München, 2009. S. 116–121. Mit freundlicher Genehmigung des Carl Hanser Verlags.

Krüss, James. »Ein Jahr ist zu Ende.« Aus: James Krüss. *Der wohltemperierte Leierkasten.* cbj Verlag in der Penguin Random House Verlagsgruppe, München, 1989. S. 121.

Lins, Bernhard. »Das Mädchen mit den Schwefelhölzchen.« Aus: Bernhard Lins. *Kindertheater aus der Märchenwelt.* Annette Betz Verlag im Verlag Carl Ueberreuter, Wien – München, 2006. S. 16–17.

Lins, Bernhard. »Frau Holle.« Aus: Bernhard Lins. *Kindertheater aus der Märchenwelt.* Annette Betz Verlag im Verlag Carl Ueberreuter, Wien – München, 2006. S. 8–9.

Lobe, Mira. »Der Schneemann.« Aus: Mira Lobe. *Meine kleine Welt.* Carl Ueberreuter Verlag, Wien, 1966. © www.miralobe.at

Zuckowski, Rolf. *Winterkinder.* Musik und Text: Rolf Zuckowski © by MUSIK FÜR DICH Rolf Zuckowski OHG, Hamburg.

Sollten wir trotz gewissenhafter Suche möglicherweise eine*n der Rechteinhaber*innen nicht berücksichtigt haben, bitten wir diese*n, sich mit dem Verlag in Verbindung zu setzen.

1. Auflage 2022

ISBN 978-3-219-11959-6

Die vorliegende Textfassung wurde im Sinne der Lesefreundlichkeit behutsam der aktuellen Rechtschreibung angenähert.
Lektorat: Kim Laura Franzke
Umschlag- und Innenillustrationen: Barbara Korthues
Druck und Bindung: aprinta Druck GmbH, Wemding
www.annettebetz.de